ケズィック・コンベンション説教集

2016

# 主にあって勝利するキリスト者

Victors in Christ

ALL ONE IN CHRIST JESUS

日本ケズィック・コンベンション

表紙デザイン：ロゴスデザイン　長尾優

# 序文

北海道ケズィック・コンベンション委員長　小菅　剛

二〇一六年は、第五十回北海道ケズィックを迎えた年でした。三年前から準備してその年を迎えました。その二月、講師にお迎えするジョナサン・ラム先生が健康を害されて、来日できないと突然連絡が入りました。北海道ケズィック委員会は、落胆の中で訴えるように神に祈りました。代わりの講師を英国から送って欲しいと、外国との交渉役であります小西直也先生にお願いしつつ、それでも神に希望をもって祈りました。神は、なんとラム先生の健康を回復してくださり、北海道ケズィックにだけ送ってくださいました。

一難去ってまた一難です。北海道ケズィックが始まる前日は、道東に爆弾低気圧が居座り、大荒れです。飛行機は欠航に欠航が続きます。ラム先生は日本に到着されましたが、日本人講師の峯野龍弘先生とラム先生が東京から北海道入りができるかと心配し、またまた祈りました。ラム先生は無事千歳に到着です。一方、峯野先生は、会議が早く終わり、羽田に向かわれました。予約の便より一便早い飛行機の一席だけが空いていると言われて、峯野先生はそれに乗ることができました。次の予約の便は欠航でした。神は、本当に日本ケズィックを守っておられると喜びの中で実感しました。

北海道ケズィックは、プリンスホテル・パミール館で行っています。五十回記念レセプションでジョナサン・ラム先生は、「わたしたちは、憐みを受けた者としてこの務めをゆだねられているのです」(コリント二4章1節、新共同訳)の御言葉から、「私たちは、ケズィックに召されたのです。ですから神の言葉を曲げず、真理を明らかにしましょう」と語られました。私たちは、ケズィックに召されたのです。神の言葉が会衆に響き、私たちは信仰に立ちました。

箱根ケズィックは五十五回、大阪ケズイックは五十一回、そして各地で恵みのケズィックは開かれました。説教集を担当してくださいます大井 満先生からラフ刷りが速達で届きました。これまで、説教集は折々読みましたが、今回は一気に読みました。恵まれました。一気読みをお勧めします。この説教集は、一気に五つの地区のケズィックの恵みによって、霊的深みへとあなたを必ず導いてくれるでありましょう。

二〇一六年八月一日

# 主にあって勝利するキリスト者

Victors in Christ

## 目次

〈バイブル・リーディングー〉
# パウロ――一事に励むクリスチャン
ロジャー・ウィルモア

ピリピ人への手紙3章3節〜16節

## ケズィックの目的

私がここに立っているのは、神の摂理によるものです。神からの召しに応え、へりくだり、また感謝を持ってお引き受けいたしました。このケズィックで、神が私を用い、皆様に語りかけてくださるように、その心に新しいみわざをなしてくださるようにと祈っております。

この中には、初めて出席された方も、毎年欠かさずお見えになっている方もおられるでしょう。私自身が日本のケズィックで最初にご奉仕したのは二〇〇八年のことでした。振りかえると、過去五十四回もの大会の中で、パウロ・リース先生、ジョージ・ダンカン先生、スティーブン・オルフォード先生といった、本当にすばらしい主の働き人がご用をされてこられました。そのすばらしい恵みが積み重ねられている中でのご奉仕に恐れおののいておりますが、今回も、この講壇から、ケズィックのテーマであるキリストにある新しい命、またキリストの霊に満たされた生き方について語らせていただこうと思っています。

私たちが、ここに集まる目的は、霊的生活がさらに深められ、強められることにあります。イギリスのケズィックの長い伝統は、それを願ったクリスチャンたちから始まっています。ケズィックの講師も務められたアメリカ長老教会のピアソン先生は、「ケズィックは霊的クリニックだ」と言われました。私たちが弱さを感じる時、医者の診察を受け、治療してもらうように、神の御言葉が、私たちの内側をいろいろ調べ、吟味して、どういうところに、どのような治療が必要なのかを明らかにしてくれます。偉大なる医者、主イエスが、御言葉と神の霊を用いて私たちの内側をよく調べてくださるわけです。ただ、病んでいるところを明らかにするだけではなく、いやされるためには、何をすべきなのかを具体的に教えてくれる方でもあります。この三日間を通して、お一人ひとりが霊的に健全になることを願ってやみません。

## パウロの生き方

さて、今回は聖書に出てくる人物にスポットライトを当てて語るように導かれています。この午後は使徒パウロを取り上げ、ピリピ人への手紙から、「一事に励むクリスチャン」という題でお話しいたします。

13節をご覧ください。「ただ、この一事に励んでいます」と言っていますが、これこそが、パウロの働きが成功した秘訣です。パウロは、まさにイエス・キリストにだけ目を留めて生きていた人物でした。

さて、私たちは、この時代を生きて行く中で、日常的に起こってくることに、どうしても心奪われてしまったり、何となくバタバタと忙しくしてしまったりすることもあるでしょう。パウロがここで言っているのは、あなたのその目をイエスに向けなさい、そこに固定しなさいということなのです。

パウロは14節でこのように言いました。「キリスト・イエスにおいて上に召してくださる神の栄冠を得るために目標を目指して一心に走っている」。パウロは一つのゴールを目指して、前に突き進んでいました。それは霊的な成熟、霊的にさらに成長するということでもあります。彼はそれだけを求めて前に走って行くクリスチャンでした。

今は、このパウロの生き方とは正反対のマルチタスク（Multi Tasking）、同時に複数の仕事をこなすことを求める傾向にあります。ある時、高速道路で、運転しながら携帯電話をかけ、しかもお化粧している女性ドライバーを見かけました。毎日忙しいわけですから、一度にいろいろなことをしようとするのはわかりますが、「大丈夫かな？」と思ってしまいます。私は最近神経科学の専門家が書いた記事を読みましたが、その人によると、マルチタスクは人間には不可能だ、つまり、一度に二つ以上のことはできないと主張していました。それを話すと、私の妻から、「その科学者はきっと男性でしょう。女性ならだれでも、一度にいろいろなことをこなせると考えると思うわ」と言われてしまいました。いろいろな意見はあるでしょうが、このことを信仰に当てはめると極めて重要な事柄となります。クリスチャンがあまりにも色々なことに心を向けると、本来向くべき御方への焦点がぼやけないか、ということです。

今日開いているピリピ人への手紙は、ローマの監獄から書かれた手紙です。鎖でつながれている監獄の中で、パウロは「喜び」について書くことができました。どうして逆境の中で、このような手紙を書くことができたのでしょう。それは、彼の思いが、ただイエス・キリストだけに集中していたからです。自分の救い主であるイエス・キリストだけを見ていたことで、自分を取り囲んでいる様々な状況に心奪われることがなかったのです。

もちろん、イエス・キリストご自身もパウロと同じでした。ルカの福音書には、主イエスはエルサレムに行こうとして御顔を真っ直ぐに向けられたという言葉があります（13章33節）。イエス・キリストの目はどこに向いていたのでしょう。思いはどこにあったのでしょう。それは神の御心でした。「わたしを遣わした方のみこころを行い、そのみわざを成し遂げることが、わたしの食物です」（ヨハネ4章34節）と言われている通り、イエスご自身が、一つの目的、ただそれだけを見て、その生涯を歩まれているのです。

私たちは確かに忙しい生き方をしています。しかし、その中で、あまりにも多くのことに心を奪われてはいませんか。今、このパウロの生き方、そして主イエスの生き方から学ぶ時ではないでしょうか。

## 過去を忘れる

パウロはどうして「一事だけを目指して」生きていくことができたのか、それを次に見ていきましょう。

パウロはご存知のように、ダマスコに行く途上で復活のキリストと出会って回心しました。彼の人生はその出会いによってすっかり変わり、優先順位がまったく新しくなりました。3章13節に、「すなわち、うしろのものを忘れ」とあります。それがどういうことかが7節にあります。「私にとって得であったこのようなものをみな、私はキリストのゆえに、損と思うようになりました」。そして「それどころか、私の主であるキリスト・イエスを知っていることのすばらしさのゆえに、いっさいのことを損と思っています」(8節)と告白するのです。

パウロは、「この一事に励み」、うしろのものを忘れて、前に向って進んでいますと言っていますが、それは過去のことをすっかり忘れたとか、昔のことを思い出せなくなったということではありません。

パウロはステパノが殉教する場におりました(使徒7章)。そして同じく9章には、クリスチャンたちの働きを滅ぼすために、殺害の意志に燃えてダマスコに向かっていたとあります。パウロが行なっていたことは、大きな罪でしたが、彼が復活のイエス・キリストに出会ったその瞬間に、彼の一切の罪は赦されるのです。「神は私に、『あなたの罪を赦した。もう私はあなたの罪を思い出すことはない』と言われた」。パウロは、この神の約束をそのまま受け取ったのでした。

私はこれまで牧師として何年も働いてきました。多くの人たちと面談し、信仰についての悩みを聞いてきました。その経験からわかったのですが、多くの人が、過去に犯した罪に対し、赦しの確信を持っていませんでした。完全に赦されているということが受け入れられず、過去の罪に、奴隷のように縛られてしまっていたのです。

過去の罪、あるいは失敗に対し、今も自分を責めている人はいないでしょうか。もしそのような方がおられるならば、今すぐ、それを主イエスのところに持っていってください。罪を告白し、赦しをいただいて、前進をしようではありませんか。聖書には、神は、まるで東と西を分けるように私たちの罪を遠く離されるという約束があります（詩篇103篇12節「東が西から遠く離れているように、私たちのそむきの罪を私たちから遠く離される。」）。また、神は、私たちの罪を海の深みに投げ捨てるのだとの御言葉もあります（ミカ書7章19節「もう一度、私たちをあわれみ、私たちの咎を踏みつけて、すべての罪を海の深みに投げ入れてください。」）。スティーブン・オルフォード先生がよく言われていました。「神は、あなたの罪を全部、海の底に沈めてしまわれた。きっと、そこに『ここでは釣りをやってはいけない』という看板も立てられているでしょう」。

「うしろのものを忘れ」とパウロは書きましたが、それはただ単に過去の罪のことを忘れるわけではなく、過去にあった自分の成功をも忘れるということでもあります。

このケズィックはすばらしい集会ですが、一つの危険が潜んでいます。ここで神からの取り扱いがあり、新しい恵みをいただきます。それを心にとどめ、この山を降りて行くのですが、そこで、「私はケズィックですばらしい経験をしたから、もうこれからは大丈夫。ずっとこのままで信仰生活ができる」というように考えてしまうことです。一回の信仰体験やその日一日だけの恵みを味わったからといって、その後の信仰生活がすべて成功するというわけではないのです。これは牧師方や働き人にもあてはめることができます。大きな成果を残した過去があっても、その成功に頼って働くことは危険です。パウロは3章の中で、自分がどのような業績を収めてきたのか述べていますが、彼は何と言っているでしょうか。「私にとって得であったこのようなものをみな、私はキリストのゆえに、損と思うようになりました」です。

皆さんの中に、過去の罪が前進を阻んでいる方がおられないでしょうか。逆に過去の成功によって前に進むことを阻まれている方がおられないでしょうか。「主イエスと共に歩く日は　これまでよりもなんと麗しいのだろう」という賛美歌があります。でもこの歌詞を真心から歌うためには、日々、イエス・キリストだけを見上げる、パウロと同じシングルマインド、この「一事に励む」ことが必要なのです。

## 将来をつかむ

「この一事に励む」ためには、過去を忘れるだけではなく、将来をもつかんでいなければなりません。パウロは「ひたむきに前のものに向かって進み」（13節）と言い、また14節では、「キリスト・イエスにおいて上に召してくださる神の栄冠を得るために、目標を目指して一心に走っている」と言っています。

まるでオリンピックの選手が語るような言葉をパウロは使っています。恐らくパウロは、この時代に行なわれていた古代オリンピックのような競技会を観戦していたと思うのです。選手がゴールを目指して、その体を前に傾け、筋肉の血管がわかるほど全力で走っている姿を見ていたのでしょう。皆さんもテレビなどで見たことがおありでしょう。スタートラインには緊張し、紅潮している顔、何が何でも最初にゴールに飛び込むのだという闘志に燃えた姿があります。選手の誰しもが、ゴールを目指すという一つの心を持って、前に向かい、駆け抜けていく、それをパウロも見ていたのです。

そのためには持つべきものがあります。

第一に、大志を抱くことです。これをやりたいという思いを持っていただきたいのです。例えば、聖書を読みたい、聖書のことをもっと知りたいという大志、また、教会に忠実な、神さまに忠実なクリスチャンになりたいという大志をもって前に向かって走っていただきたいと思います。

第二に、ふさわしい態度、姿勢を保つことです。競技者としてふさわしい態度があるように、クリスチャンとして生きる時、取るべき態度があります。神に対するふさわしい姿勢、兄弟姉妹に対して取るべき態度、そして自分を取り囲む状況や人生の様々な出来事に対しても、ふさわしい姿勢、態度を持って臨む覚悟が必要です。

第三は、目的意識を持つことです。神は、パウロにも、そしてあなたにも将来の計画を持っておられます。もしあなたがそのパウロのように一つの心を持って前に進んでいなかったなら、あなたのために神が持っておられる「神の栄冠」である目的や計画を逃してしまうという危険性があります。

神はエレミヤに「わたしはあなたがたのために立てている計画をよく知っているからだ。――主の御告げ――それはわざわいではなくて、平安を与える計画であり、あなたがたに将来と希望を与えるためのものだ」（エレミヤ書29章11節）と言っています。主にある兄弟姉妹の皆様、神があなたのために持っておられる将来と計画に思いを向けてください。そして、その計画が実行され、果たせるように、目的を持って走ってください。

その神の御心を果たすためには、まず私たちがパウロと同じように、この「一事に励んで」前進しなければなりません。

お祈りいたします。天の父なる神さま。ケズィックの最初の集会において、この大会が私たちの霊的な取り扱いの場であることを確認いたしました。また、今、イエス・キリストが御言葉と霊を用いて、私たち一人ひとりの心を吟味し、点検しておられることを覚えることができました。どうぞ私たちがそれに対して適切に応答し、主イエスご自身がくださる診断書を自分のこととして受けとめ、素直に主イエスからの治療を受けられるようにしてください。どうかパウロのように、この一事に励み、もっと深く神と交わることを願うようになりますように。そしてキリストにあって健全なより力に満ちたクリスチャンとならせてください。主イエス・キリストの御名を通してお祈りいたします。アーメン。

（文責　土屋和彦）

〈バイブル・リーディングII〉

# エリヤ――従順な生涯

ロジャー・ウィルモア

列王記上17章1節～10節、18章1節～2節

## エリヤは特別な人ではなかった

ここにおられる方々を主にあって兄弟姉妹と呼べることをうれしく思います。世界中のどこに行ってもそこに主にある友がいる、すばらしいことです。

さて、今回は、クリスチャン生活に起こる様々な場面を想定しながら、聖書に登場する三人の人物を通して語るように導かれています。昨日はパウロが「一つのことを思って生きる人」であることを申し上げましたが、今朝はエリヤの生涯にスポットをあて、従順に生きるとは何かを見ていこうと思っています。エリヤはいつも神の言葉に従っていた人物でしたが、今回は特に、17章2節から5節まで、次に8節から10節、続いて18章1節、2節の三箇所を取り上げることにいたします。

さて、どうして従順を学ぶ必要があるのでしょうか。それは本当の意味での幸せの道があるからです。クリスチャンの生き方は、私たちがイエス・キリストの御心、あるいは神の御言葉にどれだけ従っていけるかによって決まると言えるでしょう。もしあなたがイエス・キリストについてもっと深く知りたいと願うならば、御言葉を読み、御言葉に従っていくことが必要不可欠です。クリスチャン生活は、御言葉に従うごとに、前進していくものなのです。

御言葉に従順だったエリヤですが、もう一つ大事な点は、エリヤが決して特別な人ではなかったということです。ヤコブの手紙を開きますと、「エリヤは、わたしたちと同じような人間でした」（5章17節）とあります。聖句にあるように、雨が降らないように祈ると、雨が降りませんでしたし、他にも、火が下るようにと祈ると、そうなりました。死んでしまったサレプタのやもめの息子も、祈った結果、生き返りました。しかし、ヤコブはあえて、「わたしたちと同じような人間」と紹介しているのです。エリヤが登場するのは、列王記上17章からですが、神の偉大なる器であるエリヤが一体どこから来たのか、またどういう家系で、どのような経歴を持っていたのか一切書かれていません。「わたしたちと同じような人間」であることを示そうとしたからかも知れません。

私たちは、すばらしいクリスチャンと出会うと、私とはレベルが違うとか、スーパーヒーローのようだと感じてしまうことがあります。しかし、そのようなクリスチャンは存在しません。みんなごく普通の人間です。それならどこが違うかと問われるならば、それは、神の働き、その力にどれだけより頼んでいるかの違いであると言えるでしょう。確かに、エリヤは私たちと同じ、ごく普通の人でしたけれども、御言葉への従順によって、非常に力強い働きをする人になりました。このエリヤに起こった出来事は、あなたのクリスチャン生活にも実際に起こることなのです。みなさんに学んでいただきたいのは、この点なのです。神は、私たちが本気で仕えたいという思いをもって従っていくなら、必ず、豊かな力をいつでも惜しまずに与え備えてくださる方です。それがどのように起こったのかをいくつかの出来事を通して見ていきたいと思います。

## 遣わされた場所で

第一に、エリヤが行かなければならなかった場所について見ていきたいと思います。

エリヤはまず、ヨルダン川の東にあるケリト川のほとりに行くようにと命じられます（列王記上17章3節）。この川のほとりに行き、身を隠し、そこにいなさいと命令されます。ケリト川の流れている場所は、一五〇メートルもの深い渓谷となっていて、そこにはＷｉＦｉのサービスもなく、携帯はつながりません。まったく音のない世界で、否が応でも孤独を強いられる場所でした。そこにエリヤはたった一人行くように命じられました。なぜ、神はそのような辺鄙な場所にエリヤを送られたのでしょう。それはエリヤが神と深く交わるためでした。

私たちはみな、このケリト川のほとりのような場所に行かなければなりません。二十一世紀に生きる私たちクリスチャンは、なかなかこのような環境に身を置くことはできません。しかし、エリヤが、神と一つとなる、そのような交わりの場が与えられたように、私たちクリスチャンには、このような場が必要なのです。

その後、神は別の命令をエリヤに語られました（17章9節）。「サレプタに行ってもらいたい」。私は不思議に思うのです。この後で、エリヤはカルメル山でバアルの預言者と対決するのですが、その前にサレプタに行かなければなりませんでした。この場所は、バアル神が礼拝されている中心地であり、当然、その町の住民も皆バアルの礼拝者でした。ですから、ここに登場するこの一人のやもめもまた同じようにバアルの信奉者であったはずです。しかし、エリヤは、異教徒のやもめの家に遣わされました。なぜ神はエリヤをサレプタに遣わしたのでしょう。私は、このサレプタに住む人々に対する愛を持つためだったと思います。

エリヤはしばらくの時、このやもめと一緒に過ごします。そして彼女が本当に貧しい生活をしていたことや、多くの必要を持っている人物であるということも知りました。また人間としての彼女も知りました。エリヤはこのやもめと生活を共にすることを通して、サレプタの住民に対する愛を感じるようになっていたのではないでしょうか。

私たちクリスチャンは、時として、他の神を信じる人々に対してさばくような目で見ることが多いませんように思います。しかし、私たちはイエス・キリストを知らない人々に対する愛を持たなければなりません。

彼はサレプタで異教徒に対して、愛を感じる者になりました。ケリト川に行って神と一つとなる時を過ごした後、彼はすべての人に対する愛を抱くための経験が必要だったのです。困難に遭遇しても、神を知らない人々は、私たちのようにこのような場所に来て、御言葉を聞いて養われるといったチャンスを持っていません。私たちはそのような人たちにも心を配ることが必要です。エリヤはこのサレプタで、それを知りました。神がこのエリヤをイスラエルの偉大な預言者として形作るために、必要な場所であったと思います。

私はしばらく前、牧会する上で、非常に困難な問題に直面していました。神に、「どうしてこのようなところを通らされるんですか、なぜ私は心を痛めなければならないんでしょう」と祈っていた、そのような時でした。R・A・トーレーの著書を手にし、読んでいますと、その本から飛び出すかのようにして、一つの文章が私の心を捉えました。「神が、その人をひどく傷つけるまでは、その人を力強い神の器として用いることは疑わしい」。

エリヤもサレプタの経験を通して、特に異教徒に対する心が柔らかくされるという経験をもったと思います。他にも、例えばモーセの場合は、最初の四十年間はエジプトの王子として生きましたが、その後の四十年は、表舞台から姿を消し、砂漠で過ごしています。ところがその後の最後の四十年は、偉大な教師、預言者としての人生を歩みました。モーセが最後の四十年を偉大な神の器として働くためには、四十年の荒野の経験が必要だったのです。ヨセフも同様な経験をしています。兄弟に穴に投げ込まれ、またエジプトに奴隷として売り飛ばされる、その後も獄に入れられたりするのですが、その経験が後の彼の働きのためには必要だったのです。イスラエルの最も偉大な王、ダビデも、そのすばらしさが養われたのは、羊飼いをしていた時であったと思います。ヤコブも、神と格闘する経験を通して生き方が変わりました。彼は、だますものから、神の器へと変えられましたが、そのためには骨を折られるという経験をしなければなりませんでした。使徒パウロもそうです。ダマスコ途上での回心後、彼はアラビアの砂漠に行き、神とだけの時を過ごす経験を持ちました。エリヤも同じように、アハブの前に出る前に、このサレプタの経験が必要だったのです。

## 神の器となるために

最初に、エリヤがどのような場所に行ったのかを見てきましたが、今度はエリヤのように神に役立つ器になるための必要な条件は何なのかを考えたいと思います。

どうして神はエリヤをすばらしく用いられたのですか。エリヤが神の栄光を表すために用いられたのは、常に神の命令に従順だったからです。もう一度申し上げたいのですが、クリスチャンとして最も必要な言葉は何でしょう。それは従順です。

私たちは、このケズィック集会で朝、午後、夜とメッセージの中で、神からの言葉をはっきりと聞くことができます。ところが、ただ聞いた満足だけで、この場所から出て行ってしまうとどうなるのでしょう。神の言葉の本当の価値を見いだすことができずに終わってしまいます。旧新約聖書に出てきた人たちのように神の器に変えられるか否かは、私たちが御言葉を聞くだけに終わらないで従っていくかどうかにかかっているのです。

主イエスは、「わたしを愛する人は、わたしの言葉を守る」（ヨハネ14章23節）、また「わたしを『主よ、主よ』と呼びながら、なぜわたしの言うことを行わないのか」（ルカ6章46節）と言われています。私たちはこの主に従わなければなりません。この従順とは何ですか。それはどんなことでも、またどのような時であっても、神が言われる通りのことをするということです。スティーブン・オルフォード先生は、「ぐずぐずしている従順は、不従順だ」とよく言われていました。

エリヤは神の声を聞いてすぐにその通りに従いました。先ほど読んだ三つの箇所とも、神が語られると、エリヤはすぐにその通りに従っています。「どうしたら良いだろう」などと考えたり、誰かに相談して、それから決めようなどせず、すぐに従いました。あなたはいかがでしょうか。

## 従う時、神は共にいる

最後のポイントです。エリヤは神と共に生きました。神の声に従って、彼はまずケリト川のほとりに行き、神と深い交わりを持つことを学びました。何も結果が見えない中で、ただ待っていることは決して簡単なことではありません。特に、待つことが苦手な私たちには困難でしょう。しかし、エリヤが学んだように、私たちもそのような時に、「必ず養う」と言われた神の言葉が真実であることを体験し、神の力を待ち臨む経験が必要です。

次にサレプタのやもめの家に行きましたが、その家には自分と息子のために最後のパンを焼く分の粉と油だけしか残っていませんでした。ところがエリヤは、まず私にパンをくださいと言いました。これはやもめにとっても大きなチャレンジでしたが、御言葉に信頼して行動する時、神が働き、みわざが起きるのです。この経験によって、粉も油も尽きることがないという経験をし、神は養われるのだと知りました。

何年も前、私はこのケズィックを通して学んだことがあります。それを今日、皆さんにお伝えしたいのですが、このことを話す前にまずお尋ねしたいことがあります。皆さんは、神から「これをしなさい」と示されたのだが、自分にはできないと思われた経験がありますか。神が召しておられると聞いても、私にはそのような賜物はありませんと感じた経験があるでしょうか。誰もが経験しておられるでしょう。神から聞く言葉、言われることが、あまりにも大き過ぎるからかも知れません。しかし、ぜひ今朝、皆さんに覚えていただきたい一つの真理があります。神は命令されますが、神はそれを成し遂げる力をも与えてくださいます。

エリヤも、大変な使命ではありましたが、自分が一人で行くのではなくて、神がずっと共におられ、その働きができるように力を与え、助けてくださるという経験をしていたのです。神が何かするように言われる時、ただ言いっ放しではなく、神ご自身が私たちのすぐそばに来てくださって、必要なものすべてを与えてくださるのです。ですから、神からのご命令に対し、「はい！　行きます」と応答したいものです。

今朝、語った言葉の中で、最も重要な言葉は何でしょう。従順です。これが秘訣です。神が皆さんに語られる時に、神は力を与え、従えばまたさらに多くのものを与えられ、そしてさらにまた、従いなさいと言われます。そのことを繰り返すことによって私たちはもっと深く神に近づいていくのです。不従順であってはなりません。主にある兄弟姉妹、神に従いなさい。神の言葉に従いなさい。

お祈りいたします。神さま、このエリヤの生涯とその働きが聖書に示されていることを感謝します。エリヤが遣わされた場所を知ることで、私たちにクリスチャンとしての生き方が教えられていることも感謝します。神の言葉を聞き、その言葉に従っていった事実をも見い出しました。そして、神に従う時には、神が共に歩んでくださることもわかりました。これらすべてのことのゆえに、神に感謝をおささげいたします。主の御名によってお祈りいたします。アーメン。

（文責　土屋和彦）

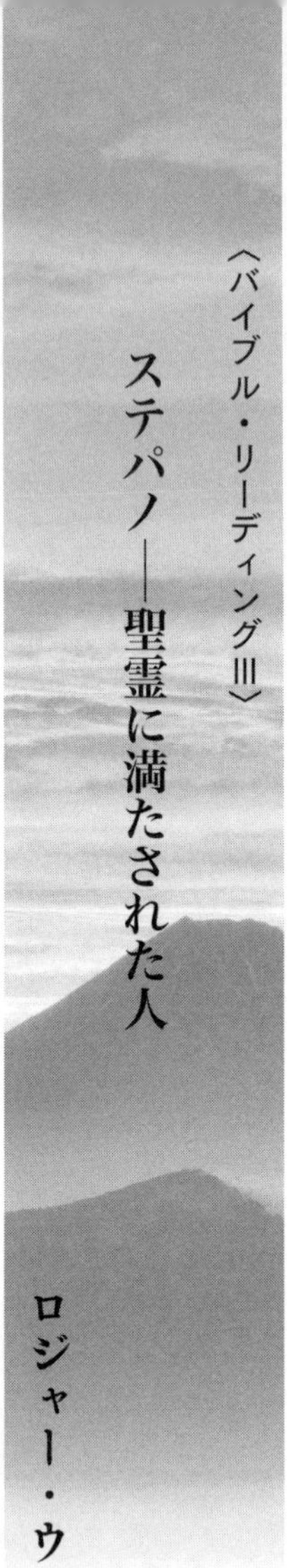

〈バイブル・リーディングⅢ〉

# ステパノ——聖霊に満たされた人

ロジャー・ウィルモア

使徒の働き6章3節〜8節

おはようございます。このように主の臨在の中で御言葉を分かち合えることを感謝いたします。これまで二回のメッセージのなかで、「一事に励むパウロ」について、また「従う人エリヤ」について語らせていただきました。今回は「聖霊に満たされた人ステパノ」というテーマで語らせていただきたいと思います。ステパノを通して、聖霊に満たされた生き方とは何かということについて、考えていきましょう。

聖霊に満たされる、ということについては様々な意見があると思いますが、聖霊の働きは私たちをイエス・キリストの似姿に変えることである、という点では皆一致できると思います。キリストの似姿に変えられる、ということは、単にキリストの生き方を真似するというレベルのものではなく、キリストの生き方そのものでなければいけません。パウロは、「私はキリストと共に十字架につけられました。もはや私が生きているのではなく、キリストが私の内に生きている」と言いました。私たちは自分自身を明け渡しキリストが私たちの内に住まわれるようにすることが大切なのです。ステパノの生涯を見ながら、聖霊に満たされて生きることの意味を考えてみましょう。

## 聖霊に満たされるのを妨げるもの

まず考えたいことは、聖霊に満たされることの妨げになるものは何か、ということです。その要因をいくつか挙げたいと思います。第一の要因は、自分の時間、自分の賜物を無駄に使うということです。私たちは常に自分の時間や自分の才能を神に用いていただきたいと願っているでしょうか?私たちは、それぞれ時間や賜物が与えられていますが、それらを神に明け渡す必要があるのです。

第二の要因は、神の御心を求めないことです。もし、あなたが自分のためだけに生きていくならば、聖霊に満たされることはありません。

第三の要因は、神の国を求めないことです。主イエスご自身が「神の国とその義とをまず第一に求めなさい。そうすれば、それに加えて、これらのものはすべて与えられます」と言われました。

第四の要因は、神に用いられる機会を待ち過ぎることです。主に用いられる機会をただ待ち続けている人々がいます。何か特別な時だけに、神に仕えるのではなく、いつでも主に仕えていく心の備えが必要です。このように、聖霊に満たされることを妨げる要因についてみてきましたが、ステパノの生き方はこれらとは全く逆の生き方でした。

教会である問題が起き、十二使徒が御霊と知恵に満ちた七人を選ぶこととなった時、最初にステパノの名前が挙がっています。周囲の人々や同労者たちはステパノがどのような生活をしていたかを見ていました。ステパノの中に彼らは何を見たのでしょうか。それは、ステパノが自分の時間、賜物、財産、全てを主に捧げていることでした。また、ステパノがただ神の御心を求めて生きているのを見ていました。また、ステパノがまず第一に神の国とその義とを求めているのを見ていました。さらに、ステパノはことの大小に関わらず、常に主に仕えていく備えができているのを見ていました。このように、ステパノの生き方そのものが聖霊に満たされたクリスチャンの模範だったのです。

ここから、ステパノについて三つの観点から深めてみていきたいと思います。まず初めに、ステパノの人格的特徴について、次にステパノの説教について、最後にステパノの殉教について、見ていきましょう。

## ステパノの人格的特徴

## 〈平和を作る人〉

使徒の働き6章1節を見てみましょう。「そのころ、弟子たちがふえるにつれて、ギリシャ語を使うユダヤ人たちが、ヘブル語を使うユダヤ人たちに対して苦情を申し立てた。彼らのうちのやもめたちが、毎日の配給でなおざりにされていたからである」。

初代教会の中に、ギリシャ語を話すユダヤ人とヘブル語を話すユダヤ人がいましたが、ギリシャ語を話すユダヤ人たちが十分な扱いを受けていないと感じていました。この問題は放っておくと深刻になる可能性を秘めていました。そのため、十二使徒は全員を集めて、この問題を解決するために七人のふさわしい人を選ぶことになりました。それでステパノがその七人の一人として選ばれました。問題をきっかけとして、彼の聖霊に満ちた生き方が人々に知られるようになったのです。

ステパノは問題を平和に解決する人、つまり平和を作りだす者として選ばれました。このことから分かるように、聖霊に満たされた人とは、問題を作る人ではなく、平和を作りだす人のことなのです。皆さんの教会に、このように平和を作る人はいますか？　教会の一致や交わりが、誰かの批判や不平で害されてはいないでしょうか。平和を作る人というのは、牧師や主事や役員に限られる役割ではありません。聖霊に満たされたクリスチャン一人ひとりが平和を作りだす人であるべきです。イエスご自身も山上の説教で言われました。「平和をつくる者は幸いです。その人たちは神の子どもと呼ばれるから」。神は平和を作りだす人を愛しておられます。その反対に、問題を起こす人を神は憎まれるのです。箴言6章16、19節をお読みください（「主の憎むものが六つある。いや、主ご自身の忌みきらうものが七つある。……まやかしを吹聴する偽りの証人、兄弟の間に争いをひき起こす者。」）。

ずいぶん前のことですが、私はアラバマ州の小さな村の教会の牧会をしていました。その教会は小さな村の教会でしたけれど、今でもその時が私の生涯の中で最も幸せな時であったという気がします。私はその教会を八年牧会した後に、別の教会に移ることになりました。それで私はその教会の執事たちと会って、語り合う時を持ちました。私はその執事たちに向かって、この八年の間、すばらしい会衆に恵まれ、特に大きな問題がなく感謝でした、と伝えました。すると、執事たちが互いに笑みを浮かべながら話し始めました。「先生、問題はありました。むずかしい人々もいました。教会の一致を乱すようなことが起こったりもしました。でも、先生が御言葉に専念できるように、自分たちで問題を解決しようと誓いを立てたんです」と教えてくれたのです。その時、私は、それまでまったく知らなかった問題を聞きました。彼らは一人ひとりがステパノのように働いてくれたのです。私は皆さんの教会にも、神がこのような人たち、ステパノのような信徒たちを起こしてくださいと祈りたいと思います。あなたは、問題を起こす人ですか？　それとも平和を作る者ですか？　聖霊に満たされた人は、平和を作りだすのです。

〈聖霊と知恵に満たされた人〉

また、ステパノは聖霊と知恵に満たされた人だった、と聖書は語ります。ステパノの生き方の中で聖霊に満たされるということがどのように具現化されていたのでしょうか？　第一に、ステパノは常に主に仕える準備ができていました。彼は、必要が生じた時、躊躇したり、長い間祈って準備をすることはしませんでした。必要が生じた時にいつでも働く備えができていたのです。聖霊に満ちた人というのは、主に対して常に働く準備が整った人と言えます。第二に、ステパノは通り良き管として神の栄光を現しました。6章8節を見ると、ステパノは「人々の間で、すばらしい不思議なわざとしるしを行った」と書いてあります。ステパノを通して神の力が流れ出たのです。第三に、ステパノは愛のない仕打ちを受けた時でも、愛をもって応えました。6章15節を見ると、彼は迫害を受けた時でも「顔は御使いのように見えた」とあります。ステパノはこのような人物だったのです。

## ステパノの説教

ステパノが語った説教は、使徒の働き7章に書かれています。ステパノが語ったメッセージは、すべて聖書からの引用でした。一つの章の中で、ステパノはイスラエルの全ての歴史を語っているのです。7章2節から8節まではアブラハムの召しについて、9節から16節では族長たちのことについて、17節から36節ではモーセの生涯について、37節から43節ではモーセとイスラエルの民、荒野での生活について、そして44節から50節ではあかしの幕屋について語っています。

ステパノは聖書のことばを次から次へと引用していきました。彼は決して神学者というわけではありません。また聖書学者でもなかったと思います。教師でもなかったでしょう。説教者でもなく、牧師でもありません。一信徒だったのです。教会のメンバーの一人でした。しかしステパノは、御言葉で満ちていたのです。人はどのようにして神の言葉に満ちることができるでしょう。それは一つしかありません。聖書に親しむことです。その時に御言葉に満ちた人になるのです。御言葉に満ち溢れるために、聖書を読むことを怠ってはいけないのです。

御言葉に満ちた人の側にいると、とても居心地が良いものです。そういう人は問題を引き起こす人ではないからです。また問題が生じた時も、自分の考えや自分の意見でそれを解決するのではなく神の御心を求めていくからです。アメリカでは、「意見というのは鼻みたいなもので、皆一つは持っている」というのです。大事なのは私の意見でもあなたの意見でもなく、神の意志なのです。自分の意見を主張することによって様々な問題が起こります。皆さんの教会では神のご計画やご意志より自分たちの意見が強調されることはないでしょうか。

## 殉教者としてのステパノ

7章54節から60節に、ステパノの死について書かれています。ステパノは神を冒瀆《ぼうとく》したということで人々から批判されました。ステパノが聖霊に満ちた人であったために、宗教指導者たちから怒りを買いました。結局ステパノは神を冒瀆したという批判によって、死刑を宣告されることになります。ステパノの無罪を訴える者は誰もいませんでした。結局ステパノは処刑場に立つことになります。まず訴えた者が大きな石を手に取ります。その石をステパノめがけて力を込めて投げつけます。もし一撃で罪人が死なない場合は、二番目の人が同じことをやります。二番目の石でも死なない時には、その周りにいたすべての人が石を取ってその人に向かって投げつけることになります。59節を見てください。「こうして彼らがステパノに石を投げつけていると、ステパノは主を呼んで、こう言った。『主イエスよ。私の霊をお受けください』。またステパノは瀕死《ひんし》の状態で、ひざまずき大声でこう叫びました。「主よ。この罪を彼らに負わせないでください」（60節）。

この箇所を読む時に誰のことを考えますか？　名前を言ってください（主イエスですね！）。ステパノはまさしく主イエスのような生き方をしたのです。ステパノはイエスのように生き、イエスのように仕え、イエスのような死を遂げました。これはステパノが聖霊に満たされた生き方をしていたからです。聖霊の働きは、私たちをキリストに似た者へと変えるのです。

主にある兄弟姉妹の皆さん、どうしたら聖霊に満たされた生き方ができるでしょうか。それは本当に簡単なことです。「明け渡すこと」です。全てを主に明け渡していきましょう。聖霊に満たされた生き方を求めていかれる、お一人ひとりの上に神の豊かな祝福があるようにお祈りいたします。

（文責　阿部頼義）

〈聖会Ⅰ〉

# 犠牲を払われた神の愛

## イアン・コフィ

ヨハネによる福音書第19章

「愛」という言葉は世界でいろいろな形で用いられています。

一九六七年六月に世界初の「世界同時衛星中継」がありました。二六か国で四億人が同時にその中継を見ることになっていました。その時BBC放送は、イギリスを代表して中継に参加することになっていたビートルズのジョン・レノンとポール・マッカートニーに単純な依頼をしました。それは「みんなの心に残り、世界中の人々の心に届くような曲を作ってほしい」というものでした。そしてできたのが「All You Need is Love(愛こそはすべて)」という曲です。ここにあるのはとても単純なメッセージです。「あなたに必要なのは愛だけ」。

しかしそれから、世界にはどのようなことが起こったでしょうか？　戦争に次ぐ戦争です。今も中東でどんなことが起こっているか考えてみてください。

もし世界に必要なものが「愛だけ」であったならば、一体そこで起こっていることは何が間違っているのでしょうか？　そこで歌われていた「愛」は、本当に必要な「愛」ではなかったということです。みなさん、私たちは本当の「愛」を必要としています。それはイエス・キリストによって表わされた「神の愛」なのです。

## 神の愛は私たちのために犠牲を払う愛である

最初に見たいことは、イエスはどのように死なれたかです。ヨハネは十字架の上で何がなされたかを、見て覚えていました。ヨハネは十字架の事実を淡々と書いています。十字架の出来事は、ヨハネの生涯に深い印象を残したことだったに違いありません。ここには弱々しいジレンマに陥った男の姿が描かれています。ポンテオ・ピラトは、イエスを何とか助けようとしています。

ジャン・カルヴァンは、このところについて次のように言っています。「ポンテオ・ピラトの名を口にする時、足の震えている男の姿を思う」と。

1節に「ピラトは、イエスを捕え、むちで打たせた」と記し、続いて「兵卒たちは、いばらで冠をあんで、イエスの頭にかぶらせ、紫の上着を着せ……」とあります。そして、平手で打たせて、イエスを民衆の前に引き出すのです。それほど痛めつけたら、人々は満足するだろうとピラトは思いました。「ピラトは彼らに言った、『見よ、この人だ』」（5節）。しかし祭司長らはイエスを見ると、「十字架につけよ、十字架につけよ」と民衆と共に叫ぶのです（6節）。ピラトは自分の責任を他に転嫁しようとして、〈あなたたちが決めたらいい。わたしはこの人に何の罪も認めない〉と言います。しかしユダヤ人たちは「律法によれば、彼は自分を神の子としたのだから、死罪に当たる」（7節）と言うのです。「ピラトはこの言葉を聞いたとき、ますますおそれ」たのでした（8節）。

この時一番権力を持っていたのはピラトですが、彼が震えています。イエスは何回もむち打たれて、弱々しい姿でした。ピラトはイエスに言います、「わたしがどんな権威を持っているのか分かっているのか？」と。しかしイエスはピラトに言われます。「あなたは、上から与えられるのでなければ、わたしに対して何の権威もありません」。そして12節には「ピラトはイエスを釈放しようと努力した」とあります。しかしその時ユダヤ人たちは叫ぶのです、「もしこの人を釈放するなら、あなたは皇帝の友ではない」。ピラトが民衆の声に負けた時に、イエスの刑は決まりました。

この時、「ピラトは……群衆の前で手を洗った」とマタイは記録しています。私たちは毎週「使徒信条」を告白し、その中で私たちは「ポンテオ・ピラトのもとで苦しみを受け」と告白します。ピラトは想像できたでしょうか？　彼は二千年後も、間違いと知りつつ主イエスを十字架につける決断を下した人物として覚えられています。

イエスは「されこうべ」という場所に引き出されます。ふたりの強盗がイエスと一緒に十字架につけられます。「十字架」というのは、これ以上ない残酷な刑です。最もひどい罪を犯した人が十字架刑になります。十字架刑は「これ以上の辱めはない」と思われる刑でした。この刑にかけられた人は、死ぬまでに何日もかかったと言われています。彼らは裸にされて、十字架に釘づけられ、人々からあざけられます。イエスの罪状書きは、三つの国語で書かれました。「ユダヤ人の王　ナザレ人イエス」と三か国語で書かれたのには、大きな意味があります。ヘブル語は「啓示」の言葉、この方は「イエス・キリスト」、神がこのお方にあらわされました。また、ラテン語は「法律」の言葉で、主イエスは本当に律法を全うされた方でした。そして、ギリシャ語は「知恵」の言葉で、主イエスが真の知恵であることを暗示しています。ところが当時の宗教家たちは、その罪状書きを批判しました。『ユダヤ人の王』と自称していた」と書いてくれ。しかしピラトは、自分の書いた通りにしておけと言います。

イエスは十字架上の苦しい中で、愛する弟子に自分の母を委ねられました。兵卒たちは、十字架の下でイエスの衣をくじ引きにしました。30節を見ると、イエスが最後の言葉を発せられたと記しています。「完了した」（新改訳）と。「すべてが終った」（口語訳）というのは、「すべてがおしまいだ」ということではなく、「すべてが完了し、なし遂げられた」という意味の勝利の宣言です。そしてヨハネは、非常に驚くべきことを書き残しています。「首をたれて息をひきとられた」と。ギリシャ語では「イエスは自分の魂が自分を離れることを許された」という言い方です。これは十字架につけられた普通の人の死ではありませんでした。

続いて、「ひとりの兵卒がやりでそのわきを突きさすと、すぐ血と水とが流れ出た」（34節）とあります。ヨハネは病理学者ではありませんので、これを書きながら、その重要性は理解していなかったでしょう。彼は証人として、自分の見たままを書き記しました。「血と水が流れ出る」という状況は、心臓が破裂してしまったしるしだと言います。多くの十字架につけられた人は、血が流れて出血の故に死んでしまう、それは、いわゆる「失血死」です。しかしイエスは、心臓が破裂するような苦しみの中で死を遂げられたのです。

## 十字架の意味

ヨハネは四回にわたって「聖書の言葉が成就するためであった」と書いています。24節で、兵卒たちがイエスの衣をくじ引きにしています。それは詩篇22篇の成就です。28節で「わたしは、かわく」と言われました。それは詩篇69篇21節の成就でした。36節では「その骨はくだかれないであろう」とありますが、それは出エジプト記12章の成就でした。「ひとりの兵卒がやりでそのわきを突きさす」というのも、ゼカリヤ書12章の成就でした。これは偶然に起こったことではなく、悲劇的な間違いによって起こったのでもない。ピラトと宗教家たちが何かをしたというのでもない。これは神のご計画の中にあることでした。神はその台本を書いておられました。イエスは神の御心を行うために来てくださいました。みなさん、イエスはなぜこんなひどい死を経験されたのですか？　神は、イエスがどうしてこんな罪深い人間に殺されることを許されたのでしょうか。私たちには、支払うことのできない負い目があり、主イエスはそれを支払ってくださったのです。

ヨハネとペテロとは仕事上での友達でもありました。彼らはイエスの弟子となり、イエスと一緒に旅をしました。ふたりとも、イエスの十字架を見ていたことでしょう。後に彼らが何と言っているかを見てみたいと思います。

ヨハネの第一の手紙2章2節を見ると、「この方こそ、私たちの罪のための――私たちの罪だけでなく、世全体のための――なだめの供え物です」（新改訳）とあります。ヨハネがあのゴルゴタの丘を顧みたとき、十字架上でとても聖なることが起こったことを、彼は知りました。昼になると辺りは暗くなり、地面は揺れ動きました。その聖なる瞬間に、父なる神は子なる神に背を向けられました。すべての人の咎が、その聖なるお方の上に置かれたからです。だからヨハネはこう書いたのです、「このお方はわたしたちの罪を贖《あがな》ういけにえである。わたしたちの罪だけではない。全世界のための贖いである」。それこそがイエスの十字架の意味です。私たちはこのお方によって赦しをいただき、神との関係を回復することができます。私たちをお造りになったお方と、もう一度関係を持ち、神がご計画されていた交わりに、もう一度入ることができるようにされました。ペテロは、どう言っているでしょうか。「自分から十字架の上で、私たちの罪をその身に負われました。それは、私たちが罪を離れ、義のために生きるためです。キリストの打ち傷のゆえに、あなたがたは、いやされたのです」（ペテロの第一の手紙2章24節）。

ペテロはイエスを「知らない！」と言ってしまい、逃げました。ペテロは振り返ってみたときに、イエスの十字架で何が起こったかということを知りました。「自分から」と言って、イエスご自身がそのことをしてくださったと言うのです。私たちの罪を負ってくださった。それは「私たちが罪を離れ、義のために生きるため」です。その「打ち傷のゆえに、あなたがたは、いやされた」のです。

イエスが十字架につけられた日のことを、英語では「Good Friday（喜ばしい金曜日）」と言います。なぜでしょうか？　それは決して「暗黒の日」ではなく、「栄光に満ちた金曜日」だからです。神の御子が神の要求をすべてなし遂げてくださった日です。私たちの罪を洗いきよめるのは何でしょう。イエス・キリストの血潮以外にはありません。「イエス・キリストの血潮の他なし」と賛美にある通りです。それこそが「十字架の意味」です。私たちの身代りになって、イエスは死んでくださいました。

皆さん、私たちはもう罪について悩む必要はありません。良い人になろうともがく必要もありません。私たちは感謝をもって、このお方を礼拝すればいいのです。感謝をもって自分を神に献げればいいのです。

## イエスの死のうるわしさ

どれだけ多くの歌が「イエスの死」について書かれたことでしょうか？　多くの芸術家たちがこの「イエスの死」について書いています。A・W・トウザー（Aiden Wilson Tozer,1987～ 1963）は、「イエスの十字架こそが最も革命的な出来事なのだ」と言いました。こんな大きな出来事は、他には絶対にありません。ジョン・ニュートン（John Newton, 1725~1807）は「驚くばかりの　恵みなりき」という賛美を作りましたが、これは本当に「驚くべきこと」です。ペテロは「御使たちも、うかがい見たいと願っていることである」と言っています。御使いたちは「赦される」ということがどういうことか知りません。御使いたちは失われていた者が見い出される、神の前にきよくされて「義なる者」と変えられる、救われることがどういうことか知りたいと願いました。御使いたちは、神の王座の前でこのお方を崇めるのです。失われていた者が、見い出された時に献げられる賛美に勝る賛美はありません。イエスは「多く赦された者は多く愛する」と言われました。私たちは自分で自分を救うことはできません。しかし、私たちを救うことのできるお方がおいでになります。これが「十字架のうるわしさ」です。イエスによらなければ、私たちに罪の赦しはあり得ません。私たちは本当に、このお方によってきよくされます。この父なるお方に受け入れていただける、神の家族に加えられる、神の霊に満たされる、私たちは本当に将来を約束されています。イエスは「わたしがきたのは、羊（あなたがた）に命を得させ、豊かに得させるためである」と言われました。すべては、イエスの死によって私たちに与えられたのです。

皆さんに一つ質問があります。あなたは主イエスをどうしますか？　ピラトはこの質問に答えることを拒みました。私たちはこの問いに向き合いたいと思います。私たちは、このイエスにどのようにお応えするのでしょうか？　皆さんの中には、イエスに「信頼する」という決断をしたことのない方がおられるかもしれません。教会に行っていながら、「罪赦された」という確信のない方がおられるかもしれません。今日イエスの十字架のもとに来られませんか。ヨハネの福音書19章の御言葉は、私たちの身代りに十字架にかけられたイエスを思い起こさせます。このお方は手を広げて、私たちを待っておられます。

アイルランドに、珍しいお墓があります。そこには、生まれた年と召された年とが刻まれています。その下に一つの質問が書かれています。「あなたはあなたのために死なれたイエスに感謝したことがありますか？」。その墓には、一つのストーリーがあります。葬られたのは、裕福なビジネスマンでした。彼は定期的に教会に通っていました。しかし、イエスを個人的な救い主としては知りませんでした。ある時、人に会うため町に行きました。雨の中あまり早く着いてしまい、雨宿りしようと教会に入りました。せっかく入ったので、自分の家族のために祈り始めました。その時に、彼は一つの声が問いかけるのを聞きました。「あなたのために死なれたイエスに感謝したことがありますか？」。誰だろうと周りを見回しましたが、誰もいません。「何が起こったのだろう？」と混乱したそうですが、イエスについて考え始めました。その時、聖霊が彼の心に働いてくださいました。彼は自分の罪や負い目に思いが至りました。彼はそこで自分に救い主が必要であることを知って、神の前に罪を告白して祈りました。そして彼の心に「神はわたしの罪を赦してくださった」という確信が生まれました。彼はその教会を出る時、全く変えられた人として出て行きました。彼は生涯周りの人に、同じ質問をしたそうです。そして、遺言として墓石に「あなたはあなたのために死なれたイエスに感謝したことがありますか？」と刻んでほしいと頼みました。「その質問がわたしの生涯を変えたから」と。

「あなたのために死なれたイエスに感謝したことがありますか？」

（文責　錦織博義）

〈聖会II〉

# 私たちを救う神の愛

イアン・コフィ

ヨハネによる福音書20章

教会は、初代教会の時代から「十字架」と「復活」の二つを別々のこととは考えませんでした。彼らは十字架の贖いの死について語る時に、主イエス・キリストのよみがえりについても語りました。ある神学者が『もうイエスは十字架上にはおられない』という本を書きました。私たちは、よみがえられた救い主を礼拝するのであり、死んでおられる救い主を礼拝するのではありません。今も生きておられ、永遠に生きておられるお方を礼拝するのです。このお方が生きておられるからこそ、私たちには希望があります。私たちには悲しみもありますが、その向こうに希望があるのです。

## イエスの不思議

週の初め、朝早くマグダラのマリヤは墓に行きました。彼女は墓にイエスの身体がないことに気づいて、イエスの身体が盗まれたと思いました。そしてペテロとヨハネのもとに行って伝えます。「主が墓から取り去られました！」。それを聞いたペテロたちは、墓に走っていきました。ヨハネの方が先に着き、墓の中をのぞき、巻かれていた布を見ましたが、中には入りませんでした。ペテロは息をき切らしながらやって来て、墓の中に入ることを恐れませんでした。そこでイエスを巻いていた布がたたまれていたのを見ました。イエスの身体はそこにありませんでした。

8節はヨハネにとって特別な瞬間でした。「もうひとりの弟子（ヨハネ）も入ってきて、これを見て信じた」。この時にヨハネは、イエスの身体は盗まれたのではなく、よみがえられたのだと信じたのです。「弟子たちが話を作ったのだ」とか、「キリスト教は、伝説や噂話に基づいている」と言う人もいます。しかし、9節の御言葉は、この出来事が真実であることを物語っています。イエスは言っておられました。「わたしは苦しめられて、十字架につけられて死ぬけれども、必ずよみがえる」と。しかし彼らは聞いていなかったし、理解できませんでした。彼らはイエスがよみがえられることを期待していませんでした。しかし、ヨハネは「これを見て信じた」と言います。

弟子たちが帰ってしまった後、マグダラのマリヤはそこに留まって泣いていました。そこに二人の天使が現れて、言うのです、「なぜ泣いているのですか」。「だれかが私の主を取って行きました。どこに置いたのか、私にはわからないのです」。ここでも彼女は、イエスがよみがえられたとは期待していませんが、後ろを振り向くと驚くべきものを見ます。

## イエスの奇跡

イエスがそこに立っておられるのに、マリヤはそれがイエスだとはわかりません。しかし、イエスは彼女の名前を呼ばれました。「マリヤよ」。その瞬間に、それがイエスの声であるとわかり、彼女は「先生!」と声を上げます。イエスはマリヤに一つのメッセージを託されました。「あなたはわたしの兄弟たちのところに行って、あなたが見たことを伝えてほしい。わたしは父の御許に帰って行く」と。

クリストソモスという初代教会の教父は、「マリヤは弟子たちのための使徒になった」と言います。イエスは女性を選ばれました。当時は今以上に男性中心の社会でした。裁判では、女性の証言は採用されませんでした。しかし、イエスは、マリヤを選び、彼女にこのとても大事な使命を委ねられました。彼女は単に女性であるというだけではなく、過去に辛い経験を持っていいました。ルカは「七つの悪霊につかれた女性」として紹介しています。彼女の生涯は、サタンの力によって握られていましたが、イエスは彼女を自由にしてくださいました。そして、このマリヤに特別な使命を委ねられ、彼女を用いられました。主は、この壊れた人を、御手の中に握りしめて造りかえてくださいました。神は、神の恵みに値しない者を御手の中に握りしめて神の器に造りかえてくださいます。

## イエスの命令

同じ日の夕方、恐れにとらわれていた弟子たちは、家に鍵を掛けて閉じこもっていました。イエスに起こったことを彼らは見ていましたので、自分たちにも同じことが起こるのではないか、と思って恐れていました。しかし、イエスは彼らに再びご自分を現わされ、よみがえられたイエスが鍵を掛けた部屋の中に、平和の挨拶を伴って入って来られました。イエスは、傷のついた手と脇とをお見せになりました。それを見て弟子たちは、喜びに満ち溢れました。イエスは再び弟子たちに、「平安（シャローム）があなたがたにあるように」という挨拶をして、彼らを励まされました。

イエスはよみがえられました。罪の刑罰は支払われ、死は打ち破られ、闇の力はイエスの権威の前にひれ伏したのです。「主の平和があなたのうちにありますように」。

イエスは弟子たちに、特別なことを言われました。「彼らに息を吹きかけて言われた、『聖霊を受けなさい』」、「父がわたしを遣わされたように、わたしもあなたがたを遣わします」。これらのことは同時に起ることです。イエスは「父がわたしを遣わされたように、わたしもあなたがたを遣わします」と言われました。イエスは私たちに使命を与えて遣わされるのです。しかし「あなただけで『行け！』

というのではない、息を吹きかけ、今聖霊を受けよ」と言われます。

二階座敷において、神の霊が彼らのうちに入りました。この日には彼らのうちに聖霊が吹き入れられましたが、ペンテコステの時には「聖霊が彼らの上に臨んだ」とあります。

「あなたがたがゆるす罪は、だれの罪でもゆるされ、あなたがたがゆるさずにおく罪は、そのまま残る」(23節)。それは私たちが、赦す・赦さないという仲介者になることではありません。それは福音の権威が与えられるということで、イエスが成してくださったことを宣言する権威が与えられるということです。イエスの赦しの福音を、だれにでも宣言することができます。その福音の力は、だれでもきよめていくことができます。この命令を私たちは、神から与えられています。イエスに従っていく者として、イエスが神から遣わされたように、私たちもイエスから遣わされているのです。私たちもこの聖霊の力を、自分の生涯に必要としているのではないでしょうか。

## 聖なる出会い

他の弟子たちにイエスがご自身を現わされた時に、トマスだけがそこにいませんでした。彼らがトマスの所に帰って来た時に、トマスは何と言ったでしょうか？「私もイエスを見たい。見なければならない」。一週間がたちます。この一週間、トマスと他の弟子たちとの間に、ある緊張関係があったのではないかと思います。彼らは食事を共にし、交わりをしたでしょう。共に祈り、共に励まし合ったことでしょう。そして「よみがえり」について話し合ったことでしょう。しかしトマスは言いました、「わたしはこの目で見ない限り信じないよ」と。でも、他の弟子たちは彼を除外しませんでした。ここには、私たちの周りにいろんな疑問を持っている人がいる時にどうしたらいいか、一つのヒントが与えられています。

一週間後、イエスは弟子たちにご自身を現わされました。イエスは同じ挨拶をなさいます。「あなたがたに平安があるように」。イエスはトマスに言われます、「あなたの指をここにつけて、わたしの手を見なさい。手を伸ばして、わたしのわきに差し入れなさい。信じない者にならないで（疑わないで）、信じる者になりなさい」と。その時トマスはイエスに対する礼拝の心を持って言います、「私の主、私の神」。みなさん、これこそ本当の礼拝です。イエスが崇められるべきところで崇められることです。29節はイエスの口から出た言葉です、「見ないで信ずる者は、さいわいである」と。すばらしい祝福だと思いませんか？　皆さん、私たちは祝福されています。私たちは肉眼では見てはいませんけれども、このお方を信じることを許されています。

今朝聞きましたテーマに戻りたいと思いますが、「従順」ということです。それはクリスチャン生活の鍵です。トマスはただ「私の主、私の神」と言っただけではありません。彼の生涯の中に何かが起こりました。伝説によりますと、トマスはインドへの宣教師になったと言われています。今でも「

殉教者トマス教会」というのがあるそうです。復活の証人となったトマスです。今も神の言葉に飢えている人たちが何十万人と集まって来ています。トマスが伝えた福音の痕跡が、今でもそこにあります。

イエスが言われたこと、イエスがなさったことが、あの空っぽになった墓を見ることによって証明されたのです。「私たちが見たのは、空っぽの墓だった」と言ったことによって証明されました。神はイエスをよみがえらせてくださいました。

どうしてこのイエスが罪を負われた、と言えるのでしょうか。神がイエスをよみがえらせてくださったからです。イエスの死によって罪の赦しは完成したと、どうして言えるでしょうか？　イエスはよみがえられて、墓は空っぽになっているからです。イエスは「天においても地においても一切の権威が与えられている」と、どうして言えるでしょうか？　なぜなら、イエスはよみがえられたからです。

パウロは、当時の一番の知恵者でした。彼は本当にイエスのメッセージを語りました。彼は、「私たちもよみがえることができる。なぜ？　イエスがよみがえられたから」と語り続けました。

私は、時々歯医者に行きます。私は行きたくないのです。歯科医は悪くありません。とても名医です。しかし歯医者に行くと緊張します。しかし診察室に入ると、そこには歯科医に対する「賞状」が掲げられています。それを見ると、私は少し安心します。それはその医師がちゃんと歯学部を出ていること、医師の免許状を持っていることが書かれているからです。そしてその人がきちんと学び、研修を積んでいることが分かるからです。歯科医として認定されていることが分かります。そこには車の整備士の免状は貼ってありません。

「よみがえり」はイエスの印（賞状）です。そこに権威があります。そこには、イエスが罪を贖うのに十分なお方であるという印があります。それこそが、イエスの空の墓が意味していることです。それはイエスがメシヤ（救い主）であることを証明しています。あなたもイエスがメシヤであることを信じて、命を受けるためです。ヨハネはそのことについて言ったのです。「そのとき、先に墓に着いたもうひとりの弟子も入って来た。そして、見て、信じた」と。「そして、私がこれを書いているのは、あなたも信じて命を得るためである」。「私がイエスを信じて命を得たように、あなたも信じて命を得るようになるためである。だからこれを書いている」と言うのです。

私は今日、自分の同僚のことを考えていました。彼は非常に優秀な若い神学者、すばらしい説教者であり牧師でもあります。彼はまだ三十一歳です。彼はオックスフォード大学で博士号を取りました。そして、一つの教会の牧師をしています。私は彼に尋ねました、「あなたはどのようにしてイエスを信じたのですか？」。彼は言いました、「私は十八歳のとき、とても大事なテストを前にしていました。小さい頃には、教会に行っていませんでした。家族もイエスを信じていませんでした。しかし、その日曜日の朝、『もしそこに誰かが聞いてくれるんだったら、このテストのために何とか神にすがりたい』という気持ちになりました。そして村の小さな教会に行きました。知りませんでしたが、その日はイースターの日曜日でした。そこには一握りの人だけがいました。しかし、そこの教会の牧師がイエスの復活について語りました。私は座ってそのメッセージを聞きました。そのとき、私の心に聖霊が働いてくださり、『このことは本当だ。このことが世界を変えたのだから……もしイエスのよみがえりが本当だったら、世界の意味するところがすべて変わって来る』。私は、そのイースターの日に自分の生涯をイエスに委ねました。その日私は、よみがえられた主に出会いました」。そして今、彼は、すべての人がイエスと出会うために仕事をしています。

今夜は、特別な夜です。皆さんに一つの質問をしたいと思います。イエスの問いかけに対して、私たちはどのように応えたらよいでしょうか？

私たちは三人の人について考えてきました。マリヤ――イエスはマリヤの名前を呼ばれました。そしてマリヤに大事な仕事を委ねて、マリヤを送り出されました。トマス――トマスは疑い深い人でした。イエスは彼に「信じない者にならないで、信じる者になりなさい」と言われました。彼は素直に信じて、他の人の行かないようなところにまでイエスのよみがえりを伝えて行き、その福音のために命をかけました。ヨハネ――空になった墓を見て、イエスのよみがえりを信じました。そしてヨハネは書くのです。他の人にも信じてほしいから……。私がイエスのうちに見出した命を、あなたにも見出してほしいから……。マリヤは従順に従いました。トマスも従順に従いました。ヨハネも従順に従いました。

あなたの生涯に声をかけられるイエスに、あなたも従順に従いませんか。ある人は牧師として召されるかもしれません。ある人は開拓伝道者として召されるかもしれません。ある人は伝道者として召されるかもしれません。ある人は仕事を通してイエスを証しするように召されているかもしれません。あなたの賜物を、神のために献げることを求めておられるかもしれません。主のために学んだことを主のために献げるように求めておられるかもしれません。

私たちはどのように応えるでしょうか？　マリヤもイエスに応えました。トマスも応えました。ヨハネも応えました。神はこの夜、呼んでおられるかもしれません。神は、あなたの生涯に、ずっと呼び続けておられるのではありませんか。今夜決着をつけませんか。本当に神の前に献げましょう。「神さま、私はここにいます、私をお用いください」と祈ろうではありませんか。

（文責　錦織博義）

〈聖会Ⅲ〉

# きよくする主の愛

イアン・コフィ

ヨハネによる福音書21章1節～25節

この数日間、特に箱根での最後のケズィック・コンベンションを皆さんと共に過ごせたことを感謝しています。わたしたちは新しいステージに入っていこうとしているわけです。箱根から次の場所に移っていく、皆さんのために祈っています。

## きよめるとは

この世が本当に必要としている愛について学んできました。19章では主イエスの十字架について学びました。20章からは、わたしたちを復活のわざによって救い出してくださる神の愛について学びました。最後の21章では、わたしたちをきよめてくださる神の愛について学びます。

「きよめる」という言葉の意味は、わたしたちを取り分けて神の御用のために用いるということです。これはケズィックのメッセージの要となる単語です。五十五年間の箱根において、百五十年になろうとしている英国のケズィックにとって、そして世界中のケズィックにおいて中心的なメッセージです。神の愛は、私たちが神の前に出るときに、また私たちが今いるところで出会い、神が意図される私たちに造り変えてくださるのです。

ペトロについてもう一度考えてみたいと思います。ヨハネの福音書の1章です。主イエスは初めてペテロにお会いになったときに、彼の名前を変えられました。わたしはあなたをペテロと呼ぶ。わたしたちが本当に弟子であるとはこういうことです。つまり、今ある私たちではなくて、主がこうであると言われる私たちになるということです。ありのままの私たちに神は出会ってくださり、私たちが神と出会って共に歩んでいくときに、神は私たちを形作り、造り変えてくださるのです。

福音というのは、主イエスが私たちのところに来てくださり、私たちがそのままじっとしているということではありません。主イエスは私たちを愛してくださって、私たちを造りかえ続けてくださるということです。私たちは私たちをきよめてくださる神の恵みの中に招かれているのです。

この福音書を書いたヨハネについても思います。ヨハネと彼の兄弟ヤコブに、主イエスはニックネームをつけられました。「雷の子どもたち」というニックネームです。彼らは怒りっぽくて、小さなことでもすぐに怒るのです。ある村に行ったときに、その町の人々はイエスの言うことを聞かないのです。それで彼らはこう言いました。「イエス様、雷を送ってもらってこの村を焼き払ってもらうようにお願いしてみましょう」と。これは、伝道の最も良い方法ではないですね。けれどもヨハネの生涯の最後に、彼は「愛の使徒」と呼ばれるようになりました。彼は使徒たちの中で殉教せずに自然に死んだ唯一の人だったと言われています。年を重ねたヨハネはエペソの教会にいました。そして「私の子どもたちよ、互いに愛しあいなさい」というのです。雷の子たちが愛の使徒と変えられた。これこそ神が私たちにしてくださることなのです。

ヨハネ21章において、ペテロは決して良い状態ではなかったでしょう。彼は主イエスのことを三度否定しました。言ってみれば彼の生涯の中でいちばんさえない時期だったでしょう。「主イエスに従ってきた三年間はいったい何だったのだろう」。彼は混乱し、自分を失っていたでしょう。自分が本当に敗北者のような思いだったでしょう。彼は主イエスについて行くと約束していたのです。

## イエスは心にかけてくださる

1節から5節を見てください。これはヨハネの福音書において三度目に御自身を現された出来事です。主イエスは使徒行伝1章によると六週間にわたって、様々な形でご自身を現され、ご自分のことを証されたと書かれています。第1コリント15章にもパウロは主イエスが何回も、ご自身を現わされたことを記録しています。

ヨハネ21章は、ガリラヤ湖で起こった復活の主の顕現の出来事でした。ペテロにとってもヨハネにとっても懐かしい場所。漁師であった他の弟子たちにも思い出深い土地でした。エルサレムで出来事が起こったあと、彼らは自分の故郷に何日もかけて戻ってきました。彼らは夜中漁をして何もとれなかったのです。そのときに重要なことが起こりました。主イエスが奇跡を繰り返された唯一の例です。誰かが岸で叫んでいます。「友よ、何か魚がとれたか」。「何もとれません」。「船の右側に網を投げてみなさい」。この時点で弟子たちはこの叫んでいる人がイエスだとは気づいていませんでした。しかし彼らはこの人の言うことに従って、網を投げ入れました。

皆さん、同じことが起こった重要性にお気づきでしょうか。ペテロは自分が弟子として召されたときのことを思い出します。そして湖に飛び込むのです。「あれは主だ」と言って、湖に飛び込み主イエスのところに向かいます。他の弟子たちは魚を引き揚げてから主イエスのところへ向かいます。そしてあまりもたくさん取れたものですから、魚の数を数えましたら、百五十三匹もの大きな魚がとれたというのです。

彼らが岸に上がったときに、主イエスは火を起こしてくださった。パンと魚が用意されている。「さあ来なさい。朝の食事をしよう」。皆さん、このような主イエスの呼びかけを聞いたことがありますか。これは主イエスの招きの言葉です、「来て、食事をしなさい」。もう一度ペテロを召し出そうとしておられるイエスは、弟子たちの肉体的な必要を満たしてくださろうとしています。一晩中働いておなかがすいている弟子たちのために食事を用意してくださいました。

私たちはもうすぐ家に帰ります。皆さんは、本当に大変な状況の中におられるかもしれません。家族や職場の中で一人だけのクリスチャンだという方もいらっしゃるでしょう。主イエスに従っていくことは困難かもしれません。教会の状況も大変だという方もいらっしゃるかもしれません。もう少し山にとどまっていたいという方もいらっしゃるかもしれません。しかしここで主イエスの言葉を聞いてください。「来て、食事をしなさい」。イエスはあなたのことを心配して心にかけてくださるのです。この方に信頼して大丈夫です。主はあなたのことを本当に心配しておられます。この箱根においてあなたと共におられた主が、箱根を降りていくときにも、同じようにあなたと共にいて心を配ってくださいます。

## イエスはきよめてくださる

次の部分は、15節から19節です。ペテロは失敗してどんな心の状態だったかよくおわかりになるでしょう。彼は主イエスと共に火のそばに座って食事をしています。このペテロはほんの二、三日前に同じように火のそばに座っていました。そして三度もイエスのことを知らないと言ってしまったのです。火のそばに座ってイエスを見ながら、ペテロがどんなに自分の失敗のことを思い出したかと思います。

ここで主イエスはペテロに三回同じ質問をしておられます。「あなたは私を愛するか」。ペテロはどんなに苦しかったかと思いますが、同じように答えます。「私があなたを愛していることはあなたがご存じです」。主イエスはペテロに新しい召しを与えられます。「私の羊を養いなさい」。「私の小羊を養いなさい」「私の小羊を飼いなさい」。

三回同じ質問が投げかけられているのは、ペテロが回復するためです。ヨハネはギリシア語で福音書を書いていますが、イエス様とペテロはアラム語で会話をしています。ヨハネがこの会話をギリシア語で書きますときに、面白いことが起こるのです。ここでイエス様が聞かれたのは、「あなたは私をアガペーの愛（神の愛）で愛するか」と聞いておられます。そしてペテロは、アガペーを用いずに、フィレオーという言葉で答えました。フィレオーは兄弟を愛する愛です。あなたは私をアガペーの愛で本当に愛するのかとイエスはペテロに問われますが、ペテロは「イエス様、あなたは私が兄弟の愛で愛しているのをご存じです」と答えました。主イエスは二度目に問われます。「ペテロ、あなたは私を神の愛で愛するか」。ペテロは答えました。「イエス様、あなたは私があなたを兄弟または友達に対する愛で愛していることをご存じです」。ヨハネは三度目に言葉を変えます。「ペテロ、おまえは兄弟を愛する愛で私を愛してくれるのか」。ペテロは傷つきながら答えます。「イエス様、あなたは私が兄弟の愛であなたを愛していることをご存じです」と。

主イエスが十字架につけられる前のペテロでしたら、こう答えたでしょう。「私の愛は本当に強い愛ですよ。ほかの誰があなたを捨てても、私はあなたについて行きます」。けれどもそのような立場にペテロは立つことができませんでした。ペテロは自分の弱さを知り、砕かれた者としてここに立っています。イエスはペテロにおっしゃいます。「私はあなたが私にくれようとしているものを受け取るよ。それはあなたの愛の強さによるのではなくて、あなたのうちにある私の愛の力によるのだから」。これはペテロの癒やしの場面でした。このときペテロは、愛はイエス様から来るということを知ったでしょう。

リタ・スノーデンという学者はこう言います。「ゆるしとは私が主を辱めてしまったその場所で、主がもう一度私を信頼してくださるということです」。主イエスは私のことをきよくしてくださる。私たちが主に近づくときにそのことが起こる。主イエスは私たちをきよめ、解放してくださる。私たちが箱根から出て行くときに、この主イエスの愛を見上げていく。この神の愛が、私たちのうちに働くのです。

ロジャー・ウィルモア先生が、今朝、「私たちの希望は私たちのうちにいてくださる主イエスなのです」とおっしゃいました。私の書斎の机には、石が置いてあります。この石は主イエスがペテロと会ってくださったガリラヤ湖畔の石なのです。この石を取り上げるときに、私は思い出すようにしています。私の主イエスへの愛の力ではなくて、神の愛が私のうちにあって働くのだと。

## イエスが再び召してくださる

ヨハネの福音書の最後のところへ進みましょう。主イエスがもう一度彼らを召してくださいます。主イエスはペテロを再び遣わすにあたり、預言者的なことをおっしゃいます。「あなたが若かった時には……」(18節)。ある意味で主イエスはペテロの殉教を予告されたのです。ペテロは十字架につけられるときに、主イエスと同じ十字架につけらるのは、申し訳ないと考えました。20節でペテロは言います。「主よ、この人はどうなのですか」。

ヨハネが自分のことを「主に愛された弟子」と言うことについて、ちょっとおごっている感じがして、かつては好きではありませんでした。ヨハネをずっと学んできて、ヨハネは決して高慢なのではなくて、へりくだってこう表現しているのだと思うようになりました。それは、彼は自分の名前すらこの福音書に残さずに、「わたしはただ主イエスに愛された者だ」と。皆さん、ヨハネは愛の人になったのではないでしょうか。それは彼が愛されていることを受け止めたからです。皆さんは何者ですか?

私は、主イエスに愛された者です。

23節に、ある噂が広まったと書かれています。噂というのは、半分は事実だけれどあとは自分で物語を作ってしまうものです。ヨハネもこの問題に直面したのです。「……あなたには何の係わりがあるのか」と言われたのです。ヨハネはここで、噂話に終止符を打ったのです。

どうぞ周りの人を見ないで、主イエスを見てください。ほかの教会に人が集まっているというようなことに目をとめずに、あなたの教会で神がしてくださっているみ業に目を止めてください。

私たちが従うべきなのは主イエスです。他の人、教会、牧師と比べたり、うらやんではいけません。ただ主イエスのみに焦点を当てて、主イエスに従ってください。これが私たちをきよめる愛です。聖なるきよめられた生き方です。イエス様は私に心をかけてくださり、きよくしてくださり、召し出してくださいます。

私は実は高所恐怖症です。高いところにいると落ち着きません。妻と私は小さな町に住んでいます。あるとき屋根を修理しなければならなかったのです。修理するために上がるときは上を見つめてはしごを登れば良いのですが、降りるときは、はしごに足をかけたらはしごが倒れるのではないかと考え、はしごに足をかけたら私は死ぬと思ってしまい、動けなくなってしまったのです。妻は、「あなた、顔色が悪いわよ、真っ白な顔をしている。はしごを押さえているから」と言ってくれたのですが、私は固まってしまって動けないんだと言いました。妻は消防車を呼ぶと言ってくれました。小さな村で、消防車がサイレンを鳴らしながら、ライトをつけてやってくる光景を思い浮かべました。そこには二つの選択肢があったのです。首を折って死ぬか、消防車を屋根の上で呼んだ男として一生恥ずかしく生きるか。男としては首を折って死んだ方がましだと思ったのですが、本当に勇気を出してはしごに乗って下に無事に降りました。私はその日三つのことを学びました。

第一は、恐れというのは、私たちの見るものをゆがめるということです。

第二は、恐れは私たちを動けなくしてしまうということです。

第三は屋根に問題があったら、専門家を呼んで直してもらえば良いということです、

このように、私たちが恐れにとらわれてしまうと、物事が見えなくなり、しなければならないことをしない者になってしまいます。主イエスはおっしゃいます。私はあなたが愛をもって生きることができるようにと、この世に来た。神の子があなたを自由にするために来たのだから、あなたは本当に自由なのだ。神の言葉は言います。完全な愛は恐れを取り除く。

皆さんの心にどんな恐れがあるとしても、その恐れを主イエスのもとに持って行き、あなたの心と生涯をイエスの御霊に明け渡し、恐れをそのまま主イエスに申し上げ、私たちを愛してくださる主イエスの愛をそのまま受け止めましょう。

（文責　大井　満）

〈早天聖会一〉

# 切願の祈り

長内和頼

詩篇62篇5節〜8節

第五十五回箱根ケズィック・コンベンションの御用の一端に立たせていただく幸いを感謝いたします。詩篇62篇をお読みしましたが、講解というスタイルではなく、このお言葉に関する証しをいたします。

主の憐れみとお導きのもとに、私は一九五七年一月十三日に救いにあずかり、五十九年が過ぎました。救われたその日はその年の第二の日曜日でした。お茶の水から南へ歩いて行った小川町にある神田教会でした。日曜日の午後の集会後、悔い改めに導かれてイエス・キリストを救い主と信じると決めたのです。その晩の集会後、御茶ノ水の駅を目指して坂道を歩いた私の足は、弾むようであったことを昨日のことのように思い出します。そして三月三日に受洗し教会の会員となりました。というよりも、イエス・キリストが王であられる神の国の国民に加えられたのです。何という不思議な恵みでしょうか。毎年巡ってくる救われた記念の日、洗礼記念日を迎えるごとに感謝と感動を新たにしております。そして、なぜ自分が救いにあずかることができたのかを考えたりします。救われる資格も価値も能力もなく、愚かで無能極まりなく、罪人以外の何者でもない者を、計り知れない愛と恵みをもって救いの中に選んでくださった神の御心は、人間的に説明できるものではありません。不思議な、ただただ恵みです。

私の両親はホーリネス教会の信者でした。一九二九（昭和四）年、父は中野ホーリネス教会で、母は牛込ホーリネス教会でそれぞれ救われました。両教会の先生方が親しかったことから導かれて結婚に至りました。当時、父は独立して事業を始めた時でした。その頃、満州国が発足したので、私の両親は満州に渡り製菓業の商売をしました。事業は順調に進み、教会では役員を務め、母も教会の会計などの奉仕をしていたそうです。しかし、一九三一（昭和六）年から一九四五（昭和二十）年に至る十五年戦争が進んでいきました。一九四一年には日本の教会が国の政策により一つに統合されました。そして翌年六月、新しく成立した日本基督教団に合流していた旧ホーリネス教会（きよめ教会及び日本聖教会）に政府の弾圧が加えられ、教会は解散、会堂は売却させられるということが起きました。そのような中を両親は通りました。当時私は就学前の幼児でした。戦争の最末期、父に召集令状（赤紙と呼ばれていた軍務への召集令）が来ました。父が二十歳頃、兵隊検査を受けた時は軍縮の時代で「甲種合格のくじのがれ」と言い、現役で兵役につかなかったので四十歳近くなって新兵で出征しました。私が一年生になって間もない昭和二十（一九四五）年五月半ばでした。その日のことを思い出します。聖書を読んでリバイバル聖歌を歌い、祈って父を送り出しました。三か月後の八月十五日、敗戦により終戦となりました。

戦争後、出征していた父や兄などが帰宅してくる家もありました。しかし、無事帰還を祈って送り出し、その後も子どもながらに祈り続けましたが、父を帰していただくことは叶いませんでした。私の両親をはじめ一般の多くの日本人は日本を信じておりました。日本が惨めな敗戦になり、満州に住んでいた者たちが、身一つだけのような惨めな姿となって日本に引き揚げることになるとは、思ってもみませんでした。

二〇〇五年、私は幼少期を過ごした瀋陽《しんよう》市を訪れました。当時は奉天省奉天市と言いましたが、現在は中国遼寧省瀋陽市となり、人口五八〇万人の大都市になって大きな変化を遂げていました。父の製菓業の場所は特定できました。しかし、父を見送った場所は現状が大きく変わっており、付近には行きましたが特定できませんでした。父が出征する時、母に言い残したのは、「どんなことがあっても信仰をなくしてはならない」という言葉だったと母から聞きました。外地に住んでいて日本の敗戦という事態となり、一家の柱である父と財産を失い、残ったのは母の信仰だけでした。それからは母の信仰と祈り、母のうちに蓄えられた神のお言葉、時に応じて与えられる神の御言葉が生きる力となりました。

敗戦の翌年、母の故郷の村に引き揚げました。母の親族は村では有力者とされていましたが、母にとってのこのような境遇の激変はどんなにか惨めであったと思います。しかし、「愛はいつまでも絶ゆることなし」（Iコリント13章8節・文語訳）と、神への愛が薄れたのでも、なくなったのでもないことを御言葉によって教えられ支えられ、神により頼み、心を注ぎ出して祈る信仰の歩みをしました。

母の故郷に引き揚げて後、家から十キロほど離れた水戸市内に発足したばかりの基督兄弟団の教会（田中敬止牧師）が建ち、そこへ通うようになりました。その数年後、東京に住むようになり、神田教会（森 五郎牧師、のちに田中敬止牧師）に行きました。私は中学一年生のクリスマスまで日曜学校の中学科に行っておりましたが、その後教会から離れてしまいました。私には妹と弟がいますが、彼らは日曜学校に通い続けて中学生、高校生のときに受洗し、今日に至っています。私だけが外れてしまったのです。母は朝に晩に祈っておりました。しかも泣くようにというか、泣きながらと言いましょうか、その祈り声が聞こえてくるのが私には嫌でした。しかし、そのような祈りが積み上げられていった結果、あたかも時限爆弾が炸裂したかのように、神のご聖霊は私の中にお働きくださり、悔改めと信仰に導いてお救いくださいました。何が何でも救っていただきたいという切実な願いが切実な祈りとなりました。全能の神により頼み、そのみ前に心を注ぎ出す切願の祈りが大切です。

では、人が救われるのは人間の努力によるのでしょうか。違います。神の一方的な恩寵以外の何ものでもありません。しかし、求めるようにと言われています。求める者は与えられ、尋ねる者は見い出し、門を叩く者は開かれることや執り成し祈ることを教えられました。

後に、私にも四人の娘と三人の息子が与えられました。赤ん坊の時から救いにあずかることと、どのような職業・立場につくとしても証しを立てる信仰の歩みと御奉仕によって神のお役に立つ者になれるように祈ってきました。子どもたちはそれぞれ小学生で信仰を持ち受洗した者や、高校の卒業近くになって受洗した者もおりますが、自主的な意思によって信仰を持ちました。私が願って来たのは、子どもたちが親の信仰ではなく、自分自身の自前の信仰を確立して歩むことでした。子どもたちに牧師になるようにとか、神学校に行くようにとか勧めたことはありません。しかし、それぞれの信仰と祈りの中から神の御召しを自覚して進んでいきました。私は、子ども一人ひとりが福音の恵みにあずからせてくださることと、御心にかなう歩みにお導きくださるように祈り続けることで、キリスト者である親としての責務を果たしたいと常々願って来ました。率直なところ、私は親としては全く未熟な者です。しかし、私の母が祈っていたように自分も祈るべきだという思いと牧会者として委ねられた人々のためにもっと励むべきことが十分果たし得ないでいることを痛感しています。「御前に心を注ぎ出せ」というお言葉は、常に私に対して叱咤激励の働きをしてくれます。

私は大和の地に遣わされ、大和教会に赴任して四十五年になろうとしています。大和とは何処かと聞かれることがあります。約百四十年ほど前まで大和の国と呼ばれ日本全体を指す呼び名ともされる「大和」は、明治になってからは奈良県となりました。この大和（奈良県）のおおよそ半分くらいの面積が吉野郡です。山また山です。教会から南へ二十五キロほどの場所（吉野郡の中では北の端）に家を借りて吉野伝道所としています。毎週そこで集会をしており、付近の数キロの範囲に教会員が住んでいます。

一九五四年、大和教会の初期の教会員十人ほどが吉野川で洗礼を受けました。彼らはみな召天しました。その中の一人の姉妹は当時三十歳くらいで身体が弱かったそうですが、その後強められ、四十数年の信仰の歩みの後、召されました。そして、約七年後、彼女の近所に住む女性が続けて救われました。この二人の姉妹たちはよく一緒に祈り、冬は暗いうちから伝道所で早天の祈りをしていました。やがて、先に救われた姉妹の息子の一人が救われ、もうひとりの姉妹は娘夫婦が信仰に導かれました。やがてそれぞれ地上の生涯を終え、吉野の山間の村でキリスト教の告別式をもちました。時が流れ、先に救われた姉妹の方のご主人が言いました。「妻が亡くなって十年になります。わたしもこの辺りで覚悟を決め天国に入れるよう備えたいと思います。よろしく頼みます」。彼は、集会に忠実に出席するようになり、受洗の備えをし、彼が生まれて以来住んでいる家の麓にある吉野川で洗礼を受けました。八十八歳でした。四年ほどして召されました。彼の亡くなる二年ほど前には、定年を迎えた長男息子が信仰を持ちました。その老兄の奥さんと一緒に心合わせて祈っていた姉妹のご主人も、奥さんが召された年の暮れに八十六歳で信仰に導かれました。彼は奥さんの残した日記を読んでいることを話してくれました。「家内がほんまに活ける神様を信じていたことが良く分かります。イエス様に真剣に従っていたことや私のために一生懸命祈っていたこともよう分かりました」。彼は今八十八歳になり、娘夫婦、孫、曾孫と礼拝に来られています。

また、私が赴任して一年経たない頃に四十九歳で召された姉妹がいました。この方は一九五八年に入信して自宅前の吉野川で洗礼を受けました。十三年ほどの信仰生活の間、四人の子どもたちを信仰に導き、夫の救いのためにも祈っておりましたが、召された後、その祈りは彼女の娘たちに受け継がれ、彼女が召されてちょうど三十年後に夫も救われ、彼はその二年後に召されていきました。

主イエス・キリストの十字架の死とご復活による神の救いにあずかった人々が、驚くべき恵みを感謝すると共に、身近な自分の家族、親族、友人たちをお救いいただきたいという切実な願いを持ち、切願の祈りをささげ続ける時、恵み深い神は私たちの祈りに応えてくださいます。祈りが生きている間に応えてくださることも、世を去った後に応えてくださることもあるということを、奈良の吉野の山間僻地に住む主の民のうちに表しておられることを証しさせていただける幸いを、感謝いたします。

日本にプロテスタントの信仰が伝えられて今年で百五十七年になると思います。わが国のキリスト者の数は人口の一パーセント弱と言われています。はかばかしくない進展状況です。一九二九年にホーリネス教会でキリスト教に入信して五十五年間、神の恩寵の中に生きた母は、若い頃からその生涯に多くの人々を教会に誘い連れて行きましたが、救われて忠実な信者になった者が願うほどには起こされなかったと嘆いていました。その時期から、とどのつまり、せめて自分の子どもたちくらいは確かな救いにあずかり、証しを立て、神に栄光を帰することができればと思うようになったということでした。小さな願いです。しかし、幸いその願いは、日々続けられた切願の祈りによってかなえられました。

百五十七年に及ぶ日本のプロテスタント教会の歴史において名を残すような人々も、その名を知られた人々もあるかと思いますが、二代目、三代目、そしてその子孫にどのように信仰のバトンが手渡されているのか、信仰の継承が思わしくないのではないでしょうか。主イエスは、私たちの隠れた祈りを聞いてくださることを教えられました（マタイ6章6節）。

私たちキリスト者の隠れた心が何を願い、何を望み、何を求め、隠れたどのような行動をしているのかが、具体的な結果として現れてきます。

「見よ。主の目は主を恐れる者に注がれる。その恵みを待ち望む者に」（詩篇33篇18節）。

全能の神は、この世において、その存在を認められたり、重んじられたりする者ではなく、主を畏れかしこむ者、恵みを待ち望む者の上に、その恵みを注いでくださる憐れみ深いお方です。日本のクリスチャン人口の伸展のために、私たちお互いは何ができるのでしょうか。一代目、二代目クリスチャンで終わらないように、家族、親族、友人、同僚、近隣の知人等に福音を伝えるだけでなく、人々が救われるように、隠れた所で私たちをご覧になり祈りを聞いてくださる神に、なお一層切願の祈りをささげていこうではありませんか。

〈早天聖会Ⅱ〉

# 天が開かれたクリスチャン

ルカの福音書3章21節～22節

工藤弘雄

さて、民衆がみなバプテスマを受けていたころ、イエスもバプテスマをお受けになり、そして祈っておられると、天が開け、聖霊が、鳩のような形をして、自分の上に下られるのをご覧になった。また、天から声がした。「あなたは、わたしの愛する子、わたしはあなたを喜ぶ」。（ルカ3章21～22節）

ケズィック・コンベンションには三つの強調点があるとイアン・コフィ先生は記しています。第一は、御言葉に聴くこと、第二は、聖霊の働きにより御子イエス・キリストのようになること、そして第三は、宣教の働きに仕えることです。主イエスが公の宣教活動に立ち上がられる前、ヨルダン川でバプテスマを受けられたとき、天が開け、聖霊は下り、天からのお声がありました。このヨルダン川における御子イエス・キリストの御姿に私たちが似る者となるようにというのが本説教の主眼です。この主イエスの御姿に天が開かれたクリスチャンの姿を見ることができます。天が開かれたクリスチャン！そのクリスチャン像を四つの視点から見ることにしましょう。

## ヨルダン川に身を沈めたクリスチャン

「イエスもバプテスマをお受けになり」と記されているように、主イエスはヨルダン川に身を沈められました。ヨルダン川に身を沈め、バプテスマを受ける。天が開かれ、聖霊の注ぎを受け、天からの認証のお声をいただくためには、主イエスもご自身の身をヨルダン川に沈め、バプテスマを受けなければなりませんでした。私たちも天が開かれるためには、ヨルダン川に身を沈め、バプテスマを受けねばなりません。

デニス・アップルビー博士の著書に『ヨルダンをこえて――豊かな聖化体験』（イムマヌエル綜合伝道団出版局、一九九二年）という書物があります。昔、イスラエルの民がヨルダン川を越えた経験を信仰者の豊かな聖化の恵みにあずかる転機的経験ととらえた書物です。イスラエルの民はエジプトを脱出し紅海を渡るという大きな経験をしました。そして荒野に導かれました。しかし、あくまでも出エジプトの目的は荒野ではなく、乳と蜜の流れる安息の地に入ることでした。そのためにはどうしてもヨルダン川を越えなければなりませんでした。

ヨルダン川に身を沈める。アップルビー博士によれば、それはローマ人の手紙6章に見るバプテスマの経験と符合するというのです。「それとも、あなたがたは知らないのですか。キリスト・イエスにつくバプテスマを受けた私たちはみな、その死にあずかるバプテスマを受けたのではありませんか」(同3節)。ですから、ヨルダン川に身を沈めるということは、私たちに罪を犯し続けさせてきた古き人、肉、内在の罪と聖書が言っている古き自我性がキリストと共に十字架につけられ、死んで葬られることを意味しています。

ヨルダン川に身を沈め、バプテスマを受けられた主イエスの御姿は、天が開かれるクリスチャンになるための前提条件であることを示しています。出エジプトという歓喜を経験したイスラエルの民もこのヨルダンを越えるという体験がなければ、いつまでも荒野を彷徨する民でしかありません。新生の恵みを経験したキリスト者が、その後内心の汚れや深く根づいている古い己れに悩まされることはありうることです。それは、新生が明確であればあるほどに当然の内的戦いであるということができます。その内心の葛藤は、ヨルダンを越え、全き安息の地に入るためのあるべき内的戦いなのです。ですから、天が開かれるという豊かな聖霊経験のためにキリスト・イエスにつくバプテスマ、彼の死にあずかるバプテスマを受けなければなりません。ヨルダン川に身を沈めたクリスチャンとは、キリストと共に死に、キリストと共によみがえり、キリストが内に住んでおられるクリスチャン以外の何者でもありません。

## 祈りなくしては何一つできないクリスチャン

主イエスはバプテスマをお受けになり、「そして祈っておられると」と続きます。罪なき主イエスご自身はバプテスマをお受けになる必要はありませんでした。しかし主は、私たちの罪を身に負われる贖罪者となられるために、また私たちに模範を示されるためにバプテスマのヨハネから進んでバプテスマをお受けになられました。その直後、「祈っておられた」とルカは記します。このヨルダン川における主イエスの祈りのお姿こそ、古き人が十字架につけられた者、いわゆる自我に死んだ人の姿ではないでしょうか。

自我に死んだ人とは腹を立てない人、柔和で謙遜な人でしょうか。確かに、道徳的に見てそうでしょう。しかし、神との関係において、真に己れに死んだ人とは、祈りなくしては何一つできない人です。主イエスは人の子として、ヨルダン川でバプテスマを受け、祈らないでもやっていける古い己れを全くヨルダンの川底に沈められたと言うことができます。そこから、万事祈祷の生涯が始まったと見ることができます。ヨルダン川、変貌山、ゲツセマネ、いずれにおいても祈っておられる主イエスのお姿を見ることができます（ルカ3章22節、9章29節、22章44節）。主イエスの祈りの一日を見ると、早朝の祈り（マルコ1章35節）、昼の祈り（マタイ14章23節）、夕べの祈り（ルカ22章39節）、徹夜の祈り（ルカ6章12節)、そして時と場所を選んでは、「寂しい所に退いては祈っておられた」(ルカ6章16節)主のお姿を見ることができます。バックストン先生が言われるように、「主イエスは祈りを好まれただけではなく、それを必要とされた」のです。

ヨルダン川でバプテスマを受けられた後、主イエスは、何のため、いつまで祈られたのでしょうか。言うまでもなく、天が開かれ、聖霊がお下りになるまで祈っておられました。マルコの福音書ではバプテスマを受けられるとすぐに天が開かれています(マルコ1章10節)。しかし、その時間は問題ではありません。大切なことは、「天が開かれるまで」祈られたということです。天が開かれるまで、聖霊がお臨みになるまで一歩も退かない。この切実な求めをもって祈るとき、必ず天は開かれます。「祈り出せ、祈り続けよ、祈り抜け、抜けた祈りで祈り続けよ!」と小島伊助先生はうたわれました。この祈りのあるところに、必ず、天は開かれます。天が開かれるまで祈る。個人の祈りであれ、集団的祈りであれ、これこそが祈りの本質的な取り組み姿勢なのです。祈りなくしては何一つできない。天が開かれ、聖霊がお臨みにならなければ何一つできない。万事祈祷、万事聖霊! ここに私たちが倣うべき主イエスの本質的な御姿があります。この主の御姿にならう者とさせていただこうではありませんか。

## 聖霊の注ぎを受け、聖霊に導かれるクリスチャン

ヨルダン川に身を沈め、バプテスマを受け祈っておられると「天が開け」と続きます。天が開かれたのです。その結果、主イエスは、「聖霊が、鳩のような形をして、自分の上に下られるのをご覧になった」のです。公の宣教活動に入るための任職の油注ぎとも言える聖霊のお注ぎです。

天が開かれる。

その第一の結果は、聖霊のお臨みです。

第二は、天からのお声です。天が開かれる。

その第一の条件は、古い己れの磔殺です。

第二は、聖霊を求める祈りです。

主イエスはそのご存在の始めから聖霊によるご存在でした。「聖霊があなたの上に臨み、いと高き方の力があなたをおおいます」(ルカ1章35節)とあるように、母マリヤの胎の中で聖霊によってお宿りになられました。ですから、弟子たちや私たちのうちに聖霊が臨まれる時のように、焼き尽くす罪、汚れは何一つありませんでした。それゆえに、ここで聖霊は鳩のようなお姿をもって主イエスの上にお臨みになられました。

天が開かれ、聖霊がご自分の上に下られる。ここに天が開かれたクリスチャンの姿があります。今、日本で最も要せられるクリスチャンは、個人的に聖霊のご傾注を受け、聖霊に導かれるクリスチャンです。聖霊の注ぎを受けられた主イエスのその後のご行動をご覧ください。「聖霊に満ちたイエスは」（4章1節）、「御霊に導かれて」（4章1節）荒野で悪魔の試みにあわれ、ことごとく神のみことばをもって悪魔を撃破し、「御霊の力を帯びて」（4章14節）ガリラヤに帰られ、安息日、ナザレの会堂において開口一番、「わたしの上に主の御霊がおられる」と言われました。まさに万事祈祷、万事聖霊のご存在であられた主イエスの御姿がここにあります。この主のお姿にならう者とさせていただこうではありませんか。

## 主に喜ばれているとの御霊のあかしをもつクリスチャン

また、天から声がしました。「あなたは、わたしの愛する子、わたしはあなたを喜ぶ。」

天が開かれたクリスチャン！　まず、古き己れをヨルダン川に身を沈めたクリスチャン、古き人をキリストとともに十字架につけてしまったクリスチャンです。

次に、祈りなくしては何一つできないクリスチャンです。天が開かれたクリスチャン！　それは、また聖霊の油注ぎを受け、聖霊に導かれるクリスチャンです。

では、聖霊に満たされ、聖霊に導かれるクリスチャンのあかしとは何でしょうか。それは、天からのお声、「あなたは、わたしの愛する子、わたしはあなたを喜ぶ」との天からのあかしの言葉を受けているクリスチャンなのです。

聖霊のバプテスマ、個人的ペンテコステの最も著しいあかしは何でしょうか。御霊の力、御霊の賜物が与えられることもそうでしょう。しかし、聖霊に満たされ、きよめられたクリスチャンの普遍的で決定的なあかしは二つです。御霊の結実と御霊のあかしです。天が開かれ、聖霊の注ぎを受けたクリスチャンは御霊の実を結びます。なぜなら、御霊がその人の内に住んでおられるからです。御霊の実は、愛、喜び、平和、寛容、慈愛、善意、忠実、柔和、自制です。こうした御霊の実を結ぶ人を嫌う人は一人もいません。さらに御霊に満たされている人には常に御霊のあかしが伴います。「私たちが神の子どもであることは、御霊ご自身が、私たちの霊とともに、あかししてくださいます」（ローマ8章16節）とあるとおりです。私たちが新生の恵みを受けたとき、御霊はそのあかしを与えてくださるでしょう。さらに、私たちが個人的にペンテコステの恵みにあずかったとき、聖霊は私たちにその確信を与え、神に愛され、神を喜ばせている者であるとのあかしを与えてくださるでしょう。

「あなたは、わたしの愛する子、わたしはあなたを喜ぶ」。この天からのお声は、主イエス以外誰も聞くことはできませんでした。私たちは実際、神のみこころを痛め続けてきました。しかし、私たちが真実に神に向き合い、自分の罪を認め、それを言い表し、御子イエスの血潮を信じる時、その罪は赦され、すべての不義からきよめられるのです。そしてヨルダンに身を沈めるように古い自分を十字架につけ、明け渡すとき、聖霊は親しく私たちのうちにお臨みになられるのです。その時、御霊は私たちに神から愛され、喜ばれている者であるとのあかしを与えてくださるのです。

常に聖霊に満たされ、導かれ、聖霊のあかしをもつ者は幸いです。これこそ、天が開かれたクリスチャンではないでしょうか。御霊を憂えしめ、悲しめることなく、常時、主に喜んでいただくクリスチャン、これこそ、天が開かれ続けているクリスチャンです。

あなたの古き人は十字架につけられていますか。キリストと共に葬られていますか。天が開かれるまで、聖霊が臨まれるまで祈られましたか。個人的な聖霊のお臨みのご経験をお持ちですか。さらに聖霊が注がれた後も祈りなくしては何一つできない者として、祈り続け、御霊に満たされ続けておられますか。常時、神の子としてのあかしを持っておられますか。このあかしが失われたとき、急いで血潮を仰ぎ、赦しときよめの恵みを回復し、更新なさっておられますか。天が開かれたクリスチャン！これこそ、今、日本に求められているクリスチャンではないでしょうか。

〈レディス・コンベンション〉

# これらの石は何を意味しますか

ルース・コフィ

ヨシュア記4章1節～24節

皆さんは何か宝物となるようなものをお持ちだと思います。私の家には屋根裏部屋があります。多くの書籍や古い家具など普段はどのように使ったらよいかわからず、けれども捨てるわけにもいかないものが置いてあります。数週間前、掃除をしようと屋根裏部屋に上がってみましたら、そこに驚くような宝物を見つけました。子どもたちがまだ小さかった頃に遊んだおもちゃを入れた箱でした。その中にスター・ウォーズを見つけました。三十年ほど前にそれは初めて映画になりましたが、それに登場する大きな宇宙船、飛行機、キャラクターのおもちゃでした。それらを取り出して磨きました。二人の孫たちが遊びにやってきた時、そのおもちゃが入った箱をあげたら、大変喜びました。自分の息子たちがそれで遊んだ時のこと、三十四年前の記憶が甦ってまいりました。

私の家族は特別なことがある時を「瓶の中に詰めた瞬間」と呼んでいます。家族に起こった特別なパーティや結婚式、子どもたちの生涯の中の大切な出来事などを、後に家族が集まる時に思い出すように、「瓶の中に詰める」のです。ですから思い出がいっぱい詰まっています。食卓に着くと「あの時のことを覚えている？」と誰かが話し出します。そうすると思い出が次々と甦ってくるのです。私にとっても家族にとっても特別な時なのです。皆さんも家族の思い出がおありでしょう。あなた自身にとってそれらの出来事は特別なものです。

今日はヨシュアとイスラエルの民に起こった出来事を読みました。聖書の箇所には、モーセが既に召され、ヨシュアがその民を引き連れて進む用意ができていたことが書いてあります。この瞬間を彼らは約四十年も待ちました。エジプトを脱出した時の人々は皆死に、次の世代の人々がヨルダン川を渡ったのです。神はヨシュアに明確な指示を出されました。「ヨルダン川を渡ってあなたがこの民を約束の地に導いていくのです。強くあれ、雄々しくあれ」。そしてどのようにそれができるか、詳しい指示を与えてくださいました。3章に記されています。

契約の箱を担いだ祭司たちが最初に川に足を踏み入れ、彼らは川の真ん中に立ち、その間に民はすべて川を渡り終えました。民の中から部族ごとに一人ずつ選ばれた人たちがおり、その十二人は川から石を一つずつ拾って肩に背負い、ヨルダン川を渡りました。民がすべて渡り終えると、祭司たちが契約の箱を担いで最後に川を渡りきりました。その瞬間、それまで堰き止められていた水が元に戻ったのです。それらの大きな石はギルガルに積み上げられました。ある人々はかつて起こったことを思い起こしました。彼らの両親や祖父母たちはエジプトから出て行った時、同様な方法で紅海を渡ったのでした。驚くべき奇跡でした。4章6節から7節に、「それはあなたたちの間でしるしとなるであろう。あなたたちの子供が、これらの石は何を意味するのですかと尋ねるときには、こう答えなさい。後日、『ヨルダン川の流れは、主の契約の箱の前でせき止められた。箱がヨルダン川を渡るとき、ヨルダン川の流れはせき止められた。これらの石は、永久にイスラエルの人々の記念となる』と」。ですから誰でもそこを通りがかる時、神が何をなさったかを思い起こすのです。ではこれらの石は何を意味するのでしょうか。

夫のイアンは以前に日本を、そして箱根を訪れました。そこで経験したことを私に話してくれました。食べ物のことや皆さんがどんなに暖かく迎えてくださり、もてなしてくださったかを話してくれました。私はそれを信じました。今私はここに来て、今まで聞いてきたことを経験しており、しかも聞いた以上であると確信しました。ある人は、「経験というのは誰かの知識に留まっている恵みではない」と言いました。知識として残っていることは、経験として留まっているはずです。

ある人々はこれらの石を見て、イスラエルの民に起こったことは何だったのだろうかと不思議に思ったことでしょう。子どもたちがそれを見て、実際にどんなことが起こったのか、不思議に思って親たちに尋ねた時、親たちは「そうだよ、私たちはその出来事が起こった時そこにいてそれを見たのだよ。私たちが渡った時、水がせき止められたのだ。」と言いました。

七十年前に設立されたムーアランド大学で働き始めて、まもなく八年目になります。牧会者たちのケアのほかに、土台作りの学年を担当しています。学位を取得するにはまだ適切ではないとされる学生たちのためのクラスです。最初のステップとして、基本的な聖書の学び、神学的な学び、図書館の本の調べ方、エッセイの書き方等の学びの技術を教えます。学びに対して不安を抱えている十二名から十三名ほどの学生たちが土台作りの学年にやってきます。多くの場合、私は彼らの母親の役割をします。エッセイを書き終えるように励まし、安心して食事をとり床に就くように話してあげます。この土台作りの学年の科目をすべてやり終えた一人の学生が、昨年ついに学位を取得できました。学生は達成したのです。学年の終わりに、かつてその学年を経て学位を取得した人々を招いて学生たちに語るように私は頼みます。どのようにその学年で基礎を築いたかを語り、今学んでいる学生たちにバトンを渡していくのです。彼らは既に経験しているので、どういう学びであるかを語れるのです。私たちの人生において、思い出となっている経験したことを他の人に受け継がせていくことは大切なことです。

八十代になる私の両親は非常に忠実なクリスチャンで、手足が不自由な小さい子どもたちを教えています。両親は大切な遺産を残してくれています。それは信仰です。私が今こうしてあるのは、その信仰の故です。遺産を継承させていくことは大切です。年を取ってから受け継ぐのではなく、若い時に受け継ぐのは大事です。私たちは、自分たちの子どもたちに何を残すでしょうか。どのように遺産を継承させるでしょうか。お金ではなく、クリスチャンとしての献身です。次のような質問をする人たちがいます「これらの石は何を意味するのですか」。「なぜあなたは今やっていることをそのようにするのですか」。「どうしてあのような方法で決断を下すのですか」。「そのような方法で選択するのはなぜですか」。「なぜあなたは教会へ行くことをそのように重要なことだと思うのですか」、などです。

周りにいる方々に遺産を受け継がせていくにあたって、三つの方法を提案したいと思います。

第一は、御言葉を身をもって生きることです。申命記11章18節から20節には、「あなたたちはこれらのわたしの言葉を心に留め、魂に刻み、これをしるしとして手に結び、覚えとして額に付け、子供たちにもそれを教え、家に座っているときも道を歩くときも、寝ているときも起きているときも、語り聞かせ、あなたの家の戸口の柱にも門にも書き記しなさい」とあります。思いに定着させ、心に留め、内側に深く降ろすのです。遺産を受け継がせていくうえで、身をもって御言葉を生きることは大切です。時に私たちは語ることができないことがあります。私の父母は、生きざまでクリスチャンであることを示しました。親族は私の両親に親切ではありませんでしたが、両親は彼らの人生の最後を世話したのです。ある者たちはそれを通してクリスチャンとなりました。これはすばらしいことです。祖母は晩年クリスチャンになりました。私が教会で洗礼を受ける時に来てくれ、以来召される時まで教会に続けて出席しました。ですから、クリスチャンの生き方を示すことは大切です。御言葉に従って生きるのです。

第二のことは、受け渡していくことです。申命記11章19節に目を留めましょう。「子供たちにもそれを教え、家に座っているときも道を歩くときも、寝ているときも起きているときも、語り聞かせ」ということの言葉は、人生のほとんどに及びます。座っている時、歩いている時、横になっている時、立っている時。すべての歩みの中で、家族がどのようであっても、受け渡していきます。

詩編145編1節から5節に、「わたしの王、神よ、あなたをあがめ　世々限りなく御名をたたえます。絶えることなくあなたをたたえ　世々限りなく御名を賛美します。大いなる主、限りなく賛美される主　大きな御業は究めることもできません。人々が、代々に御業をほめたたえ　力強い御業を告げ知らせますように。あなたの輝き、栄光と威光　驚くべき御業の数々をわたしは歌います」とあるように、私たちは力ある主のみわざを子どもたちに受け継がせていきます。イアンの母は麗しいクリスチャンで、九十歳の誕生日を迎えた時、特別な誕生会を持ちました。その時彼女は、自分の過去に起こった多くの事柄を話しました。神が自分にどんなに真実であったか、また通らなければならなかった困難の幾つかを話してくれました。私の子どもたちは十代の頃でしたが、おばあちゃんが話してくれたそのことを今でも鮮明に覚えていました。それはわたしの「瓶に詰めた瞬間」でした。瓶を開けて私はもう一度義母が話したことを思い起こしたいと思います。母としてあなたが子どもたちに話すことよりも、祖母が話すことを子どもたちは聞きます。孫たちは祖母にもっと耳をよく傾けます。義母は、私の子どもの一人とユニークな関係にあり、その子が主から離れてしまった時、義母はストレートに彼に質問しました。毎日義母は彼のために祈っており、彼は祖母を心から尊敬していました。何年も前ですが彼女は突然召されました。ですから、彼女は祈りの結果としてその子が主に立ち帰ったことを見ることはできませんでした。現在彼は二人の子どもたちの父親であり、教会で奉仕しています。代々に力あるみわざを告げ知らせることは祖父母たちが持つことができる特権です。時に何も言うことができなくても祈ることはできます。

最後に、関係を築いていくことです。テモテへの手紙二1章5節で、パウロはテモテに、「そして、あなたが抱いている純真な信仰を思い起こしています。その信仰は、まずあなたの祖母ロイスと母エウニケに宿りましたが、それがあなたにも宿っていると、わたしは確信しています」と書き送りました。13節を見ますと、「キリスト・イエスによって与えられる信仰と愛をもって、わたしから聞いた健全な言葉を手本としなさい」とパウロは語っています。若いテモテに対してパウロは責任がありました。御言葉が現実のものとなるように、家族の者たちと、そして他の若いクリスチャンたちと良い関係を築き上げていくのです。

ムーアランド大学で週に三日教えていますが、その他の二日は、世界で最もすばらしい仕事をしています。母親が学校で働けるように、午前七時から夜の七時まで二人の孫たちの世話をします。私が自分の子どもたちにやってあげることができなかったことを、孫たちにやってあげることがあります。

孫たちと一緒にいる時間を、彼らの人生に投入できるのは喜びです。それだけで留まりません。親たちは働いていますから、私たちは関係を築くことが大切です。神は私に、クリスチャンの信仰を受け渡していく機会を与えてくださっています。

私が勤務する大学には、学生たちに訓練の大切さを強調するプログラムがあり、SPAR（スパー）と呼ばれています。彼らが霊的に（Spiritually）、実践的に（Practically）、学問的に（Academically）、そして関係の面で（Relationally）成長することを望みます。講義もありますが、しかし多くは学校生活の中で訓練されます。イアンと私は、学校で結婚の準備を担当し、結婚、家庭、学び、そして教会での奉仕をどのようにバランスを取って進めていくかを教えています。大学生活では最初に御言葉を生きること、受け渡していくこと、関係を築きあげていくことをします。あなたが関わりを持っている人々にあなたは何を遺産として残していきますか。ある人々は、遺産というのは死ぬまでに残すものと考え、金銭あるいは家が遺産となるでしょう。しかし、私たちは永遠まで続く遺産を受け継がせていきたいのです。これが私が切望していることです。皆さんもきっとそうだと思います。

人々が、これらの石は何を意味しますかと問う時、神が私たちの生涯になしてくださったことだと答えることができます。なぜなら、私たちはそれを経験したからです。女性として私たちはすばらしい特権が与えられています。時々小さい子どもたちの世話をする忙しさの中にありますが、私たちは自分のための小さな空間が必要です。信仰をしっかり受け継がせていく人でありたいと思います。キリストに在って私はどんな者なのでしょうか。

お祈りいたしましょう。

父なる神様、私たちに家族に対する責任を与えてくださって感謝します。あなたが私たちに望んでおられるような生き方を日々させてください。あなたが願っておられるような従順な者であらせてください。私たちが成長できるために、霊的に私たちに与えられている責任を果たさせてください。そうすればあなたに似る者としてさらに成長できます。他の人々に受け渡していくことができますように。話すべき言葉を与えてください。特に、私たちにとって困難と思える人々に対して語るべき言葉を与えてください。関係を築き上げていくために必要な言葉を与えてください。そうすれば、私たちは、壁ではなく橋を築くことができます。他の人々に遺産を受け継がせていけるよう助けてください。そうすれば、いつかその人たちが感謝するに違いありません。なぜなら私たちは、主イエスを紹介するのですから。主の御名によってお祈りいたします。アーメン。

（文責　新川代利子）

〈メンズ・コンベンション〉

# 三者三様の聖徒たち

工藤弘雄

## ピレモンへの手紙

「ピレモンへの手紙」は手のひらに乗るような小書簡です。しかし、この「手のひら書簡」に福音の驚くばかりの恵みと真理が秘められています。文中に、「囚人」、「獄中」の文字が五回も記されていることから、「獄中書簡」であることは間違いありません（1、9、10、13、23節）。まさに獄中に咲く一輪の聖華と言えます。使徒パウロは恐らく、ローマの獄中でこれを書いたことでしょう。内容は、とりなしの手紙です。とりなし文ですから、誰が、誰のために、誰にとりなすか、三人の人物が求められます。使徒パウロが、盗みの罪を犯した奴隷オネシモのために、主人ピレモンにとりなした手紙です。「この手紙は私パウロの自筆です」（19節）とあるように、パウロは目の不自由をも押して、恐らく始めから終わりまで自筆で記したことでしょう。パウロ、オネシモ、そしてピレモン、この三人の人物から、三者三様の聖徒たちの姿を見ることにしましょう。

## さわやかクリスチャン、ピレモン

まず、この手紙の受取人であるピレモンについて見ることにしましょう。彼はコロサイに住む裕福なクリスチャンでした。「あなたが今のようになれたのもまた、私によるのですが」（19節）と記されているように使徒パウロに導かれ、主イエスのみ救いにあずかった人物です。パウロは彼を、「私たちの愛する同労者」（1節）と呼んでいます。姉妹アピアは彼の妻、戦友アルキポは彼の息子と推測されます。「あなたの家にある教会」とあるように、彼は家族挙げて家の教会を築き、主に仕えていました。

パウロが祈るたびごとに、「いつも私の神に感謝しています」と言わせるほど彼は恵まれたクリスチャンでした。それは、彼が主イエスに対しては信仰、すべての聖徒に対しては愛をもって生活していたからです（5節）。パウロは、「私たちの間でキリストのためになされているすべての良い行いをよく知ることによって、あなたの信仰の交わりが生きて働くものとなりますように」（6節）と、彼の信仰の交わりがエネルギッシュに増進するように祈っています。パウロはこのようにピレモンを評価します。「それは、聖徒たちの心が、兄弟よ、あなたによって力づけられたからです」（7節）。「力づけられる」とは「さわやかにされる」とも訳し得ます。実にピレモンはパウロにとっても、聖徒たちにとっても、喜びと慰めの存在であり、周囲の人々をさわやかにさせるクリスチャンでした。さわやかクリスチャン！　ピレモンはまさにそのような存在でした。

家族あげて主と福音に仕えるクリスチャン、牧者が祈るたびに感謝を呼び起こすクリスチャン、主イエスに対する信仰とすべての聖徒への愛に生きるクリスチャン、信仰の交わりがエネルギッシュに成熟するクリスチャン、そして、すべての聖徒をさわやかにし、力づけるクリスチャン！　このようなクリスチャンがピレモンでした。

「密閉された流体は、その一部に受けた圧力を増減なく全部分に伝達する」とはパスカルが発見した法則です。極小の穴がいくつも開けられ、水をたっぷり含んだゴムまりの一部を押すと、いくつもの穴から同じ勢いで同じ量の水が放出されます。小畑進先生はこのパスカルの法則を適用して、「キリストのからだはその一部に受けた喜びや慰めを増減なく、全部分に伝達する」と解説しています。

さわやかクリスチャン、今、日本に求められるクリスチャンはこのようなクリスチャンではないでしょうか。

## 贖罪の恵みに生きるオネシモ

使徒パウロは、さわやかクリスチャンであるピレモンに入念に感謝をあらわしながら、いよいよ手紙の本題であるオネシモのとりなしについて筆を進めます。

オネシモ、彼はピレモン家の奴隷でした。ピレモン家はクリスチャン・ホームです。そこには神の臨在があり、互いの愛が満ち溢れていました。まるでエデンの園が地上に回復したようなホームでした。ところが恐ろしいことに、悪魔はオネシモを誘い、主人ピレモンのお金を盗ませたのです。罪を犯したオネシモにとって、それまでの居心地のよい家庭も針のむしろのような所となったことでしょう。やさしいピレモンの顔も恐ろしく見えてきたことでしょう。ついに彼はピレモン家から逃亡することになりました。それは、罪に陥り、楽園から追放された人類の始祖の足跡を踏むものでした。彼は、逃れ逃れて帝都ローマに潜入し、そこでも身を潜めながら悪事を行っていたと思われます。そのオネシモが主イエス・キリストの救いの恵みにあずかるのです。彼の身に起こった奇しき入信のロマンスについて見ることにしましょう。

第一のことは、彼と神との邂逅、そして回心の背後に働く摂理の御手の不思議さです。事実は小説よりも奇なりと言われますが、彼の身に起ったことは実に奇しい出来事でした。一羽の雀にさえみこころにとめたもう神は、この滅び行く一人の奴隷に対しても救いの御手を差し伸べられました。ローマに潜入していたオネシモは、驚くことに主人ピレモンの恩師パウロに出会うのです。誰がオネシモをパウロに導いたかはわかりません。奴隷仲間のうわさを聞いてオネシモがパウロを訪れたかもしれません。テキコが二人の間をとりもったとも言われます。しかし、事実、オネシモは獄中のパウロに出会ったのです。

私たちの救いの体験においても、その状況やプロセスはまちまちですが、言い得ることは、人間の思いや願いを超えたところで、先行的に神は働かれ、救いへと道筋がつけられたということです。神との出会い、神との邂逅の不思議さです。まさに救いに先立つ神の恵みのみわざと言うほかはありません。

第二のことは、オネシモになされた新創造のみわざについてです。パウロは、「獄中で生んだわが子オネシモ」（10節）と言っています。生れ変ったクリスチャン、それがオネシモでした。パウロは、「彼は、前にはあなたにとって役に立たない者でしたが、今は、あなたにとっても私にとっても、役に立つ者となっています」（11節）と記します。無益の者、役立たない者が、有益な者、役立つ者へ。まさに真実な回心です。百八十度の生涯の回転です。そして、オネシモは親身になってパウロの世話をします。パウロに一言もないのにその思い願いを察知できるほどに心を尽してパウロに仕えます。パウロはその彼を「私の心そのものです」（12節）と記すのです。

製造されたクリスチャンではなく、生れ変ったクリスチャンこそ、今、教会に求められているクリスチャンではないでしょうか。そしてその新生が、さらに徹底した新創造、聖化にまで進み行く「全き救い」の証し人こそ、今、教会に求められているのではないでしょうか。オネシモは、まさにそのような贖罪の恵みの証し人でした。

## 贖罪愛を実践するパウロ

三者三様の聖徒たち、その最後は言うまでもなく使徒パウロです。どんな境遇にあってもたましいを救いに導く救霊者パウロ、キリストの愛をもって信徒を養い育てる牧会者パウロ、そして自らの身を切って愛する者のためにとりなす贖罪愛の実践者パウロの姿がこの手紙に躍如としています。

まず、とりなす姿勢をごらんください。「私は、あなたのなすべきことを、キリストにあって少しもはばからず命じることができるのですが、こういうわけですから、むしろ愛によって、あなたにお願いしたいのです」（8〜9節）。ピレモンほどのキリスト者であれば、オネシモを赦し、受け入れることは「当然、なすべき」ことでしょう。パウロとピレモンほどの親しい間柄であれば、「当然、はばからず」言えることでしょう。さらにパウロがピレモンを救いに導いた恩人であれば、「当然、命ずる」こともできたでしょう。しかし、パウロは、これらの当然の義務、当然の関係、当然の権威という三つの「当然の衣」を脱ぎ捨て、年老いたキリスト・イエスの囚人として獄中で生んだ実子オネシモのため、手をつくように愛によって懇願するのです。

今日、教会の中ですら、当然の義務、当然の関柄、当然の権威が幅をきかせかねない風潮がないこともありません。このような愛と謙遜に満ちたパウロのとりなす姿勢に深く教えられたいものです。

次に、パウロのとりなす理由についてごらんください。パウロはただ温情的にお涙頂戴のかたちでことを進めようとはしません。そのとりなしには明確な理拠がありました。

第一に、オネシモの明確な新生が理由です。今までのオネシモではない、生まれ変わったという彼の変化のゆえに、「そのオネシモを、あなたのもとに送り返します」（12節）というのです。

第二に、ピレモンの自発性を重んじるためでした。パウロは、オネシモをとどめおき、獄中にいる間、ピレモンに代わって仕えてほしかったとも考えていました（13節）。事情がわかれば、ピレモンの方こそ、そのことを願ったことでしょう。であるとすれば、結局はピレモンの愛から出る自発性を封じてしまうことになるのです。パウロは実に「けじめ」のある男でした。「カイザルのものはカイザルに、神のものは神に」と主イエスが教えられたように、オネシモが本来誰に所属していたかをわきまえ、まずは送り返すべき主人に送り返すべきだと考えたのです。今日、ややもすれば、教会内においてもこの「けじめ」が失われがちではないでしょうか。

第三に、パウロは神の摂理を思うゆえにこのことを実践しようとしました。オネシモの一件に神の摂理の御手を認めたパウロは、オネシモが逃亡したとは言わず、「彼がしばらくの間あなたから離されたのは」と言い、自分の考えを押しつけるのではなく、「たぶん」とつけ加えた上で、「あなたが彼を永久に取り戻すためであったのでしょう」（15節）と記すのです。

第四に、愛の法則のゆえにです。「もはや奴隷としてではなく、奴隷以上の者、すなわち、愛する兄弟として」(16節)オネシモは、肉においても主にあってもピレモンにおいてはなおさらの存在ではないかと言うのです。

最後に、パウロの取りなす方法についてごらんください。まず、「私を迎えるように彼を迎えてやってください」(17節)と単刀直入に願うのです。「私を迎えるように、私同様に迎える」。もし、パウロがピレモン家に行くとすれば、家中大喜び、大騒ぎでしょう。ところが逃亡奴隷をそのように迎えて欲しいというのです。パウロと同様に! そうです。パウロは彼の功績のすべてをオネシモに着せることになります。十字架上の犯罪人に、「まことに、あなたに告げます。あなたはきょう、わたしとともにパラダイスにいます」(ルカ23章43節)と主は言われました。地獄を寸前にした極悪人の信仰告白を受け、天国の片隅にでもなく、驚くことに「わたしと一緒に」と主は言われました。親からの財産を食いつぶし、なけなしの放蕩息子をまるで凱旋将軍のように父親は迎えたのではないでしょうか。

次に、パウロは、「もし彼があなたに対して損害をかけたか、負債を負っているのでしたら」(18節)と、愛をもってオネシモの罪を「もし」と覆いつつ、「その請求は私にしてください。この手紙は私の自筆です。私がそれを支払います」(18~19節)と記すのです。まさにパウロの自筆、証文です。「私同様に彼を受け入れて欲しい」と「われの功績」を彼に与えたパウロは、「彼の負債をわれに」と身を切ってオネシモの負債を受けるのです。

「われらはみな主のオネシモである」とルターは言いました。主は私たちの一切の罪の負債を負われ、私たちにご自身の義を転嫁してくださいました。われらのべとべとどろどろの罪の衣を彼が着、彼の眩いばかりの義の衣を我らに着せてくださる。まさに「ありがたい交換」です。罪なきお方、捨てられる理由の何一つないお方が、「エリ、エリ、レマ、サバクタニ、わが神、わが神、どうしてわたしをお見捨てになったのですか」と叫ばれ、捨てられた事実により、捨てられて当然の私たちが捨てられず、主と共にパラダイスに受け入れられる。なんという救いでしょうか。この贖罪の恵みを受けた者が、その贖罪愛をもって、身を切って他者のためにとりなす。この贖罪愛の実践がパウロにあったのです。

さわやかクリスチャン、ピレモン、贖罪の恵みに生きるオネシモ、そして贖罪愛を実践したパウロ！ここに三者三様の聖徒たちの姿があります。このような聖徒像が私たちのうちに形造られるように祈り求めようではありませんか。

〈ユース・コンベンション〉

# 見捨てずに育ててくださる神

使徒言行録15章36節〜41節

本間尊広

皆さんは、このケズィックを楽しみにして来られたでしょうか。何を期待して参加されたでしょうか。私が青年時代に箱根ケズィックに出席していた時は、信仰の成長に対する願いを持って参加していました。本当にすばらしいメッセージをたくさん聞いて、聖書の御言葉の力と魅力に引き付けられました。集会に出席しているだけでどんどん自分がクリスチャンとして成長していくように感じるほどでした。しかし、いいメッセージを聞いただけで、自分が理想のクリスチャンになるというようなことは当然ありませんでした。

やがて献身して、神学校の学びを経て、牧師になって歩んできましたが、この牧師としての働きの中で、自分の弱さを知る失敗の経験を通して、神は私をお取り扱いくださり、多くのことを学ばせてくださいました。自分の姿に気づかせてくださったのです。正確に言うならば、学ばせてくださった、気づかせてくださった、という過去形ではなく、学んでいる最中です。今まさに自分の弱さを見せつけられているところなのですが、神の憐れみ深さと、見捨てずに私を育てようとしてくださっていることも実感できる日々を歩んでいます。

聖書の人物に、マルコという人がいます。マルコによる福音書を書いたと考えられています。聖書には、神によって人生を通じて育てられた人の物語がたくさん出てきますが、マルコもそういう人物の一人であると言えるでしょう。聖書に記されたマルコの歩みを見てみましょう。

まず、ゲツセマネの園で逃げるマルコの姿が記されています（マルコ14章51～52節）。十字架にかかる直前、ゲツセマネの園で祈っていたところ、祭司長、律法学者たちが遣わした兵士によって主イエスは捕らえられてしまいました。弟子たちは皆、イエスを見捨てて逃げてしまいました。その時、マルコと考えられる「一人の若者が、素肌に亜麻布をまとってイエスについて来ていた。人々が捕らえようとすると、亜麻布を捨てて裸で逃げてしまった」とあります。

またマルコの実家は集会所だったようです。地上の生涯の時にも、主イエスは弟子たちと共にそこに集まり、主が天に昇られた後は、弟子たちが継続して集まる場所となりました。クリスチャンの交わりの中で育ったマルコは、やがてパウロ、バルナバと一緒に行動するようになります。

「聖霊によって送り出されたバルナバとサウロは、セレウキアに下り、そこからキプロス島に向け船出し、サラミスに着くと、ユダヤ人の諸会堂で神の言葉を告げ知らせた。二人は、ヨハネを助手として連れていた」（使徒言行録13章4〜5節）とあります。しかし、パンフィリア州のペルゲに来た時に「ヨハネは一行と別れてエルサレムに帰ってしまった」（同13章13節）とあるように、彼は途中で離脱してしまいました。マルコはパウロを怒らせるような形で帰ってしまったようです。

このことが背景にあって、使徒言行録15章36節から41節の出来事が起きました。パウロとバルナバは、二度目の伝道旅行にいっしょに出ようとしましたが、このマルコを一緒に行かせるかどうかで、意見が対立して、パウロとバルナバはわかれて伝道をすることになりました。意見が「対立」というより、意見が「激しく衝突」したと聖書は伝えています。マルコの同行をパウロが認めないために、バルナバは別行動を取るようになり、マルコを連れてキプロスへと向かいました。マルコの生涯の前半にはこのような出来事があったのです。

マルコの生涯を見ていくときに、マルコを「見捨てずに育てた神」が見えてきます。この神さまが私たちを「見捨てずに育ててくださる神」だということを、御言葉から見ていきましょう。

## 信仰生活における失敗、奉仕生活における失敗

マルコは、聖書に記されている限りでも、少なくとも二度逃げ出しています。一度目は、主イエスが祭司長や律法学者たちによって捕らえられるとき。二度目は、パウロ、バルナバの伝道旅行に同行

ユース・コンベンション
「見捨てずに育てて下さる神」
使徒十五・三六〜四一

したときです。一度目は、主イエスについて行こうと思ったのでしょうが、ものものしく捕まえられていく姿を見て、怖くなったのだろうと思われます。裸で逃げたというのですから、緊迫した中でとにかく逃げなければという思いであったのだろうと思います。二度目に逃げ出したと言っていい出来事においては、伝道旅行が想像よりも大変だったのでしょうか。具体的にどんな困難があったのかはわかりませんが、パウロが伝道旅行の中で経験した困難を思えば、想像できるものはあります。

二度も逃げ出してしまったという経験、どちらも神のための働きの中で起きてしまったことと言えます。私たちの信仰生活においても、奉仕生活においても、神のためにやっているのに、うまくいかないという現実に直面することがあるのではないでしょうか。私の場合、牧師としての歩みの中で、「神はなぜ私をここにお遣わしになったのか」、「私ではない人のほうがよかったのではないか」、「いろいろな人の期待に答えられなくて申し訳ない」というような思いにとらわれることがあります。

自分の弱さに落ち込むことはないでしょうか。霊的にも燃やされて進み始めても、また、「従おう」と心に決めただけで、全部がうまく進むのではありません。主に明け渡した後に、また新しい課題に直面するということもたびたび経験することです。パウロがマルコをもう連れて行かないと言ったのは、一緒に活動する中で、何度かそういうことがあったためではないかと想像もできます。

## 見捨てない神、見捨てない仲間

しかし、ここからのマルコの歩みの中に、見捨てない神の愛を見ることができます。私たちが弟子として歩もうとする生涯においても、同じように見捨てない愛の神がおられるのだということを知ることができます。

いわゆるパウロの第二次伝道旅行に出ようとする時に、「バルナバは、マルコと呼ばれるヨハネも連れて行きたいと思った。しかしパウロは、前にパンフィリア州で自分たちから離れ、宣教に一緒に行かなかったような者は、連れて行くべきでないと考えた」（使徒言行録15章37～38節）とあります。この時に、二人の意見は「激しく衝突」（39節）しました。そして、バルナバはパウロと別行動を取ってまでも、マルコと一緒に行動することを選んだのです。バルナバとパウロの意見の違いが「意見が激しく衝突する」ほどのことであったということは驚きを覚えます。マルコのこれまでの態度から、パウロが彼のことをあきらめてもしょうがない状況であったでしょう。ここで、パウロが怒っているような印象を得ますが、マルコを連れて行こうということではバルナバのほうも一歩もゆずらなかったことがわかります。

ここに、見捨てない神の愛を見ることができるのです。主の弟子として従っていきたいという人を、主は見捨てないで用いようとしてくださいます。「あなたではだめだ」という人間の声、いや自分の声に、激しく衝突して、「大丈夫だ。わたしは彼を用いる」と言ってくださる神の姿です。

私たちは、聖書からこの見捨てない神の愛を大いに知ることができますが、それを実際に伝えてくれる人の存在が大切です。バルナバの、マルコを伝道の働きに連れて行こうという態度が、マルコに神のあきらめない愛を強く印象付けたはずです。

神学校の同級生で親しい牧師がいます。自分の家族、特に一番上の息子が、神が自分を愛してくださっていることをいつも伝えてくれる存在であると彼が話すのを聞いたことがあります。その彼から、ある時、電話をもらいました。いつもはメールでやりとりしているのに、その時は電話でした。特に用件があったようではありませんでした。ただ「元気か」というような内容でした。彼自身も非常に忙しい時期であることを知っていましたが、そのように私のことを思い出して声をかけてくれたことは本当にうれしいことでした。落ち込んでいるときに、彼の愛を通して、神さまの愛を感じることができた感謝な出来事でした。

ルカによる福音書22章31から32節に「シモン、シモン、サタンはあなたがたを、小麦のようにふるいにかけることを神に願って聞き入れられた。しかし、わたしはあなたのために、信仰が無くならないように祈った。だから、あなたは立ち直ったら、兄弟たちを力づけてやりなさい」という主イエスの言葉が記されています。マルコも聞いていたと思います。主イエスの十字架は、このマルコのためでもありました。そして、失敗しても見捨てない私たちへの神の愛こそが十字架そのものなのです。

このように神は私たちを見捨てずにいてくださいます。私たちもこの神の愛を誰かに表現する者にならせていただきたく願います。

## 用いながら育てる

パウロと激しく衝突しても、バルナバはマルコと一緒に行こうとしました。キプロスに渡ったバルナバは、忍耐深く共に歩みながらマルコを育てたのでしょう。

この後、マルコはペトロとも一緒に行動しています。ペトロの手紙一5章13節に、「共に選ばれてバビロンにいる人々と、わたしの子マルコが、よろしくと言っています」と記されています。ペトロを助けながらしっかりと伝道の働きを担った姿を見ることができます。マルコによる福音書は、マルコがペトロの通訳をしたからこそ書くことのできた内容であると言われています。何より感動的なのは、テモテへの手紙二4章11節に「ルカだけがわたしのところにいます。マルコを連れて来てください。彼はわたしの務めをよく助けてくれるからです」とパウロが記していることです。一度はマルコを連れて行かないと言ったパウロが、今や彼が必要だと言っているのです。

「彼はわたしの務めをよく助けてくれる」と私たちに言ってくださるのは神です。私たちに対して、役に立つとおっしゃってくださいます。結局、マルコはずっと主の働きに携わりました。神が用いられました。そして用いる中で神がマルコを育てられたのです。

先日、教会の役員会で新年度のことを話し合いました。私があることを控えめに提案したところ、「やりましょう。私たちも、そのことに希望を持っていきたい」と賛同を得ることができました。一緒に神さまに仕えるプロセスを歩んでくれる人の存在はとても大きいものがあります。誰よりも神が一緒にやろう、と言ってくださっています。その中で私たちは育てられていくのです。

「失敗」ということもこの世の価値観であるかもしれません。先日、ロジャー・ウィルモア先生を神学校の特講にお迎えしましたが、その中で先生は、「神が私たちを評価される基準は、忠実であったかどうか、それだけです」とおっしゃったことが強く心に残っています。この主にお応えして歩んでまいりましょう。

〈第51回大阪ケズィック・コンベンション〉

# 静かな細い声を聞け

列王紀上19章1節～18節

錦織　寛

私たちは主に仕えていきたいと思います。そして大決意をして神に従います。そして神も私たちの祈りと信仰に答えて、すばらしいみわざをあらわしてくださる。エリヤの時もまさにそうでした。天から火が下り、今まで偶像に仕えていた人々が声を合わせて「主こそ神である」と叫ぶ。まさに大リバイバル。非常に輝かしい瞬間です。その真ん中にいたのがエリヤでした。エリヤは一人でした。でも一人でもエリヤは、決して恐れたり、物怖じしたりしませんでした。それまでもエリヤは自分の命がねらわれていること、自分が北イスラエル王国の指名手配犯・お尋ねものであることを知っていたでしょう。しかし、彼は主の霊に満たされて、とても力強く語り、主のみわざをあらわしていきます。私たちは、そんなエリヤをかっこいいと思います。クリスチャンのリーダーの姿としてあこがれます。けれどもこの19章のエリヤの姿は私たちをがっかりさせます。それはとてもではないですがヒーローの姿ではありません。傷だらけになって、しっぽを巻いて逃げていく、負け犬のような姿です。エリヤの祈りに応えて、神は天から火を下してくださったのではありませんか。私たちは18章のエリヤの姿とのギャップに愕然とします。でも同時に、私たちはそんなエリヤの姿にほっとします。それは自分の姿と重なるものを感じるからです。私たちの中にも同じような戦い、そして弱さがあることを知っているからです。

エリヤはイゼベルの言葉にただただ恐れます。孤独感を感じます。疲れを覚えます。自分の弱さを覚えます。徒労感もあったことでしょう。あのカルメル山の上で、人々は「主こそ神である、主こそ神である」と叫びました。エリヤは雨が降るように祈り、七度も祈る中で、本当に雨が降り出しました。エリヤはアハブの前を走って、アハブを送り届けます。イスラエルの人々も、そしてアハブ王も、はっきりと分かったはずです。主が神であられることを、本当にそうだと、納得したはずです。まさに、「エリヤ、すまなかった、あなたの神こそが本当の神だ。私たちは間違っていた」と王も民も言ったかもしれない。少なくとも、エリヤはそのことを期待していたことでしょう。しかし、王妃イゼベルの言葉ですべてが逆転してしまう。人々は沈黙し、アハブはイゼベルを抑えることをしない。かえってまた自分の命がねらわれている。あんなに頑張ったこの三年間は何だったのだろう。確かに天から火が下った。でも、天から火が下って……って何か意味があったのだろうか。ただただ空しさと徒労感がエリヤを捕らえていたかも知れません。私たちも同じだろうと思います。けれども、そんな私たちの弱さを主は分かってくださいます。時に、疲れ、飢え、〈ただ私だけ〉と孤独感にとらわれ、恐れて逃げ出すようなそんな時、主は私たちに近づき、そんな弱い私たちにも触れてくださいます。

主はエリヤの訴えを聞いてくださいます。そして木の下にひとり死を願い、ふて寝をしているかのような彼に、主は触れて、「起きて食べなさい」とおっしゃる。どんなに疲れていてもお腹は空いていた。神は、エリヤの必要を何とよく知っておられたことかと思います。死ぬはずだったエリヤは、主が備えてくださったパンと水をいただいて、また寝てしまう。よほど疲れていたのでしょう。主はまた御使いを遣わして彼に触れ、彼に必要な食物を与え、彼を力づけてくださったのでした。主は、エリヤを見捨てられませんでした。もう一度エリヤを立たせようとしておられました。主は私たちがずっと、落ち込んで、恐れにとらわれて、不安と恐怖の中にとどまることを望んでおられるのではありません。主はエリヤをもう一度立たせてくださいました。主は私たちをもう一度立たせ、ここから新しく歩み出させてくださるのです。

## 神の山ホレブで主の前に立て

神がエリヤに求められたのはこのことでした。エリヤはカルメル山からエズレルの入り口までアハブの前に走って行きました。そのあと、イゼベルの反応を聞いて、彼はずっと南に逃げます。カルメル山から百キロほどは南にあろうかという南ユダ王国でも一番南にあったベエルシバまで逃げる。そこにしもべを残し、また今度は一人で逃げる。疲れ果てたエリヤは言います。もう結構です。私の命を取ってください。でも彼を力づけ、もっと南まで送られる。神はもっとエリヤを導きたい場所があった。それは神の山ホレブでした。そこはモーセが神の召命の声を聞いた場所、イスラエルの民が雷のとどろく中、十戒の板をいただき、神とイスラエルの民が契約を結んだ場所です。ある意味で、神はエリヤをもう一度、そのような歴史の原点に立たせられたのでした。

「あなたは何をしているのか」。「主よ、大変なんです。こっちもこうですし、あっちもこうですし、もう本当にどうしたらいいか分からないほどなんです」。でも神はおっしゃるのです。「出て、山の上で主の前に立て」。私たちはもう一度、歴史の原点に立ち帰らなければならない。私たちにとってそこは、私たちが主を信じた、その場所・その時であり、究極的には、人となられた神の子イエスが、十字架で死んでよみがえってくださった場所、よみがえってご自身をあらわしてくださった場所かもしれません。そして、そこでもう一度、私たちは、主の前に立たなければならないのです。

## 静かな細い声を聞く

エリヤはもう一度神の声を聞くことを必要としていました。皆さん知ってください。神の言葉は私たちを立たせます。私たちに命を与えます。けれどもそれは必ずしも、みんながびっくりするような大きな出来事の中で聞こえてくるのではないかもしれない。強い風が吹きます。でもその風の中に神はおられませんでした。地震がありました。でも地震の中にも主はおられませんでした。火がありました。でも火の中にも主はおられませんでした。なぜ、神はこのようなお取り扱いをされたでしょうか。風の中で語られてもよかったし、地を震わせるようにして、語られてもよかったでしょう。火の中から語られてもよかったはずです。まさにモーセは燃える柴の場面でも、シナイ山でも火の中から語られる主の声を聞きました。その後、静かな細い声をもって語られるのであれば、わざわざ、風や地震や火を見せなくてもいい。しかし、神はまるでもったいぶるかのように、エリヤを待たせられる。

そして火の後に、静かな細い声が聞こえたのです。それはかつてモーセとイスラエルの民が聞いたような、山をとどろかせ震わせるような声ではありませんでした。静かな細い声でした。私たちも大きな、びっくりするような出来事ばかり求めていると、静かな細い声で語りかけられる主を見失ってしまうかもしれません。静かな細い声を聞くためには……

## ①自分が黙らないといけない

いろいろ神に訴えたいこともあることでしょう。しかし、主の御声を聞くためには、自分の弱さや自分を取り巻く様々な問題を立て板に水のように訴え続けるのではなく、どこかで一度、口を閉じる必要があります。そうしないと、主は語り出すことができないでしょうし、主が語っておられてもその御声を聞くことはできないでしょう。

### ②耳も心も集中しなければならない

私たちの耳は聞くことを選択して聞いています。たとえば、耳が悪くなって、補聴器を使うようになる方がよく訴えられることは、補聴器で音を増幅すると、普段だったら気にならない音がとても大きく聞こえてしまって煩わしい、というのです。逆に言うと、私たちの耳は、聞きたい方に意識を集中して聞くことができるのです。たとえば、誰かが自分のうわさ話をしていると思うと、そちらに思いを集中して聞くことができます。それを「地獄耳」と言ったりします。私たちが主の語られることを聞こうと主に思いを集中していると、静かな細い御声もよく聞き取ることができるでしょう。

神は確かにガーンと、私たちに衝撃を与えて、ご自身の御心を示されることがありますが、同時に、神は私たちにただバタバタするのを止め、神の語りかけに心と思いを集中して、耳を傾けることを求められるのです。

その御声は静かで細い声でしたが、エリヤに命を与え、エリヤを再び、その使命に生かす声だったのです。

## 帰って行け

神はエリヤにおっしゃいます。「あのイゼベルがまだいるイスラエルへ帰って行け」。「ええ？　私は命をねらわれていて、もう私が最後の一人だと言っているではありませんか」。でも主は、「あなたの道を帰って行け」とおっしゃいます。主はエリヤを励ましてもう一度あのアハブがいて、イゼベルがいる北王国イスラエルに遣わされるのです。けれども、ホレブの山まで来て、ただ「帰れ」ではあんまりです。主は「帰って行け」と命じるとともに、エリヤを励まし、支え、彼に三つのメッセージを語られたのでした。

### ①アハブの家は滅びる

エリヤはイゼベルの脅しに恐怖を覚えて、逃げてきました。確かに、今、アハブは権力を持ち、特にその妻イゼベルは自分のしたい放題のことをしているかもしれない。そんな中であなたは無力感を感じ、自分の弱さ・小ささを感じている。けれども主は語られます。アハブではない、私が世界の支配者だ。アハブの家がどんなに高ぶったとしても、力を持ち、栄えているように見えたとしても、アハブの家は滅んでいく。エヒウの家が王位を継いでいくのだと主は語られたのでした。イスラエルにとても大きな影響力をもったスリヤの国でも、ハザエルが王となり、アハブ王家の滅亡に大きな役割を果たすことになる。歴史の支配者はまさにアハブでもイゼベルでも、また他の国々でもなく、エリヤの仕えている主ご自身だったのです。

**②後継者を立てよ**

神がエリヤにおっしゃったのは後継者を立てよ、ということでした。スリヤに、北イスラエルに、そしてエリヤあなたに後継者を立てよ。皆さん、私たちは自分の代だけで何かを成し遂げるのではありません。私たちの地上の生涯は永遠という時間の流れの中では、ほんの一瞬にすぎません。しかし、神は私たちに幻を与え、私たちの代を超えて働きをなしてくださる。イスラエルはどうなってしまうのですか。けれども神はエリヤに、エリヤ、あなたの働きは受け継がれ、継続していくと約束してくださったのです。私たちはいつか死んで行きます。いつかは自分の働きを後継者に手渡していきます。そして、私たちが主のために成した業は決して無駄になることはありません。エリヤはエリシャにその働きを手渡していきます。そしてエリシャはエリヤの霊の二つの分を受け継いでいったのです。

**③一人ではないから**

神はエリヤをもう一度、戦いの現場に送り返すにあたって、もう一つ大事なことを示されます。それは、あなたは一人ではないということでした。バアルに膝をかがめない七千人がいる。エリヤはあのカルメル山でも一対八五〇で戦っていたように感じていたかもしれません。でもそうではない。バアルに決してひざをかがめることのない、どんなにバアルやアシラへの信仰が国の宗教のように扱われたとしても、主に従う者たちが、あなたのために祈っている七千人の人たちがいる。あなたは一人ではない。言ってみれば、カルメル山での戦いも実は七〇〇一対八五〇だったのだ。私たちは「私だけ」「私一人」と思うととてもつらくなってしまうものです。あなたは一人ではありません。主がいつも共にいてくださいますし、また主を信じ、あなたのために祈り、共に戦う仲間が大勢いるのです。

皆さん、あなたは元気でしょうか。神のために元気に、大胆に働くことができるでしょうか。それとも、今まで頑張ってきたのですけれど……と、何か疲れて、落ち込み、もうだめだと無力感にさいなまれているでしょうか。そんなあなたに神は今日も近づいて、あなたをもう一度立ち上がらせようとしておられるのではないでしょうか。

エリヤの働きをエリシャが受け継ぎました。今日、先の時代の先生方の働きを受け継いでいく、次の時代の主のしもべたちが必要です。あの先生の霊の二つの分を与えていただきたいと、神に求めて立ち上がる人が必要です。あなたはその一人ではないでしょうか。

〈第50回北海道ケズィック・コンベンション〉

# 私たちを満たす神

ジョナサン・ラム

詩篇63篇

北海道ケズィック五十周年、おめでとうございます。私にとって五十年という記念の年に北海道ケズィックに皆さまと共に参加できることはとても光栄なことです。

英国ケズィックは昨年百四十周年を迎えました。この働きは英国の小さな町にある小さな教会で一八七五年に始まりました。二年後には、参加者が九百人に増え、一八八七年には、街のはずれに大きなテントが建てられ三千人もの人々が集まるようになりました。その頃、多くのクリスチャンは個人的に信仰の覚醒が必要だと感じ、神ともっと深い関係を持ちたいと願っていました。三百人が集まった最初のケズィック集会で最初に語られた聖句は詩篇62篇5節の「私のたましいは黙って、ただ神を待ち望む。私の望みは神から来るからだ」でした。それは彼らの心の願いを表わすものでした。

今日、取り上げる詩篇63篇は、初期のケズィックの時代に人々が抱いていた霊的な飢え渇きを表わすものであり、また私たちの心の願いを表わすものでもあります。1節に「神よ。あなたは私の神。私はあなたを切に求めます。水のない、砂漠の衰え果てた地で、私のたましいは、あなたに渇き、私の身も、あなたを慕って気を失うばかりです」とあります。これは、ダビデが心の中で神自身を切に求めている姿を明確に描いています。今日は、この詩篇から、各自が、もう一度、自分が生きている目的は何か、何を一番大切にして生きているか、という基本的な問題を考えたいと思います。詩篇63篇は、ダビデが大きな危機に瀕していた時に書かれたもので、神殿で礼拝していた時に書かれたものではありません。ダビデが自分の命を狙う敵と向き合っていた時に書かれた詩篇です。この詩篇にはダビデの三つの願いが記されています。第一に神ご自身を求める願い、第二に神の備えを求める願い、そして第三に神の守りを求める願いです。

## 神ご自身を求める（1〜4節）

この詩篇の冒頭にダビデの強い霊的欲求が描かれています。「砂漠の衰え果てた地」とは、ダビデが敵に囲まれてプレッシャーを感じていたため、彼の魂が水のない地に咲く花のように弱り果てていたことを示しています。だからこそ、彼は神ご自身を慕い求めました。私たちも、思いがけない出来事に襲われて心が萎えてしまい、信仰の力を失ったように感じる時があります。詩篇42篇では、その姿を川辺で水を慕い求める鹿になぞらえています。また、この詩篇は、私たちの霊的必要が肉体的必要と同じように重要であることを教えています。この詩篇を読んで行くと分かりますが、人生に対する本当の答えは、私たちの霊的必要が満たされた時に初めて見つかるのです。

ダビデは、自分に一番必要なものは神ご自身であることに気づいていました。ダビデは、非常に正直に語っています。これは大切なことです。神の前であろうと、他のクリスチャンであろうと、見せかけの生き方をすることは無意味です。生きている中で、時おり、予想外の出来事に直面して途方に暮れることがあり、いったい神は何をしているのだろうと考えてしまうことがあります。しかし、実は、このような時がクリスチャンには霊的成長の良いチャンスなのです。

神は、私たちをすべての攻撃や挫折から逃れさせてはくれません。時には、そのような出来事を通して、私たちに自分の無力さを知らせ、もっと神に信頼するようにと導くことがあります。1節の「神よ。あなたは私の神」は、ダビデが完全に神により頼んでいることを示す言葉です。

主イエスも詩篇63篇と同じ真理を教えています。ヨハネの福音書4章には、主がサマリヤの女と出会った様子が記されています。その時、この女性は霊的な飢え渇き、むなしさをイエスに訴えました。彼女は幸せな家庭を築こうとして、六人の男性と結婚離婚を繰り返しましたが、結局は、孤独に苦しんでいました。彼女の心は不安と恐れに満ちており、男たちにもてあそばれたために若い頃の希望は皮肉の塊に変わっていました。そんな時、彼女は、空っぽの壺を持って井戸のそばに立っていました。

その姿は、今の私たちと変わりません。イエスは、彼女が霊的なむなしさを感じていることを見抜いておられたので、そのことを彼女に単刀直入に迫りました。

イエスは彼女に言いました。「この水を飲む者はだれでも、また渇きます。しかし、わたしが与える水を飲む者はだれでも、決して渇くことがありません。わたしが与える水は、その人のうちで泉となり、永遠のいのちへの水がわき出ます」(13～14節)。

また、ヨハネの福音書7章37節、38節では、主は、祭りの終わりの大いなる日に、立ち上がって大声で言われました。「だれでも渇いているなら、わたしのもとに来て飲みなさい。わたしを信じる者は、聖書が言っているとおりに、その人の心の奥底から、生ける水の川が流れ出るようになる」。これこそ福音の真理です。私たちは、イエスを信じる時に初めて、本当に回復し、新しくされるのです。

この箇所で、もう一つ注意すべき点は、ダビデは過去の出来事を思い返していることです。2節に「私は、あなたの力と栄光を見るために、こうして聖所で、あなたを仰ぎ見ています」とあります。ダビデは、これまで自分がどのように神の働きを経験したか、神がどのように働かれたのか、神が誰であるか、これらのことを思い返していました。このことも私たちにとって重要です。私たちが過去に経験した神の働きを思い返すことによって、今の困難、将来の困難を乗り越えるために必要な神の力を確信することができるからです。

## 神の備える（5〜7節）

5節から7節で、ダビデは、神が私たちの喜びであり私たちを満たしてくださる方であると述べています。イザヤを通して神は、神以外に真の満足は得られないと断言しています。「なぜ、あなたがたは、食糧にもならない物のために金を払い、腹を満たさない物のために労するのか」（イザヤ書55章2節）。神が与えてくださるもの以外に満足を求めて、本当の満足を得られないのは実に悲しいことです。エレミヤは、次のような神の言葉を記しています。「（わたしの民は）湧き水の泉であるわたしを捨てて、多くの水ためを、水をためることのできない、こわれた水ためを、自分たちのために掘ったのだ」（エレミヤ書2章13節）。当時の民は、神が備えてくださった祝宴に来ようとせず、むなしい異教の神々によって満たされようとしていました。ダビデがここで述べていることは、非常に重要なことで、イエスが言われた「人はパンだけで生きるのではなく、神の口から出る一つ一つのことばによる」（マタイ4章4節）という教えに通じるものがあります。神こそが私たちのいのちであり、私たちの真の満足であり、喜びです。神以外のものはすべて二次的なものにすぎません。

6節で、ダビデは、夜の闇の中でも神にあって満たされていると語っています。「私は床の上であなたを思い出し、夜ふけて私はあなたを思います」。私たちは、時々、夜がふけても、さまざまなことが心配になって寝つけないことがあります。しかし、そんな夜でも、私たちは神がそばにおられることを知ると恐れが消え、心の深いところで平安を感じることができます。

6節は、主を思い出すようにと教えています。今の時の助けを得るために、過去を思い出すのです。ダビデは7節で「あなたは私の助けでした」と述べています。神を思い出した後に、7節にあるように喜びが来ます。「御翼の陰で、私は喜び歌います」。主が私たちのことを心配してくださることを喜ぶのです。ダビデを取り巻いていた状況は何一つ変わっていません。彼は、依然として荒野の中で、命を狙われていました。しかし、ダビデは霊的な平安を持つ秘訣を学びました。渇いた時に水を求めるように、神を慕い求めて、神に信頼を置くことを学んだのです。私たちも、ダビデのように、神が私たちを満たし、守り、受け入れてくださる方だと知らなければなりません。

イエスご自身が「神の国とその義とをまず第一に求めなさい」（マタイ6章33節）とおっしゃり、「自分の宝を地上にたくわえるのはやめなさい。そこでは、虫とさびで、きず物になり、また盗人が穴をあけて盗みます。自分の宝は、天にたくわえなさい」（同19節～20節）と語られました。これは私たちの価値観へのイエスのチャレンジです。今のために生きるのか永遠のために生きるのか。何を大切にしているのか。何に投資しているのか。イエスがここで強調しておられるのは、今のために投資をすると永続する利益が得られないということです。このような投資には本当の安全がありません。主が言われたように、地上の宝はきず物になり、盗まれてしまうからです。人間関係であれ、知識であれ、仕事や地位であれ、あなたの心が引かれているものが何であっても、これらのものは死を乗り越えることはできません。だから、イエスは尋ねられるのです。「なぜ、あなたはそのようなものにいのちを賭けるのか？」と。ダビデがこの詩篇で言おうとしているのも、このことです。

パウロが、ピリピ3章で述べている証しは、私たちの模範です。彼はダマスコに向かっている途上で復活のイエスに出会い、人生が変わりました。パウロは、自分が誇りとしていたものを全部足しても、キリストの前ではゼロに等しいことを見い出しました。「私にとって得であったこのようなものをみな、私はキリストのゆえに、損と思うようになりました」（7節）。この証しは、すべてのクリスチャンに当てはまります。イエスを知ったことで、私たちの損得勘定がひっくり返りました。パウロは同じく10節で「わたしはキリストとその復活の力を知りたい」と告白します。ユダヤ人にとって「知る」という言葉には深い意味があります。パウロは、以前、個人的に親しく交われる存在としての神を知りませんでした。どんなに道徳的に鍛錬しても、良い行いや宗教儀式に励んでも、彼は、神との交わりに喜びや暖かい気持ちを感じていませんでした。しかし、彼は主イエスを個人的に知り、これまでに経験したことのない喜びを感じました。神との関係が復活したことにより、霊的な満足感、良心の呵責からの解放、永遠の希望を見いだしたのです。そのことが、余りにもすばらしいことだったので、それまで自分が誇りにしていたものがすべてごみのように見えました。神を知ること、これが何よりも大切な秘訣です。ダビデは、神を知り、また、神が私たちに本当の満足を与えてくださることを知りました。

## 神の守りを求める（8～11節）

8節から11節で、ダビデは、神こそが私の安全であり、力であると語ります。パウロの神への信頼が分かる個所です。何が起こっても、どんな敵が現れても、ダビデは、神が自分を守り支えてくださると信頼していました。3節で述べているように、ダビデは、神の恵みはいのちにも勝ることを発見し、自分が神に守られ、養われ、神の腕の中にしっかりと抱かれていることを知っていました。8節はなんとすばらしい言葉でしょう。「私のたましいは、あなたにすがり、あなたの右の手は、私をささえてくださいます」。

9節から11節は、非常に厳粛な事実を述べています。神と神の言葉に逆らう者は、皆、滅びます。たとえ、この世でどれほど成功したとしても、彼らは最後には神のさばきを受けなければなりません。この詩篇は、人間の永遠の運命は二つしかないことを教えています。つまり、神に愛される神の家族の一員として生きるのか、神に逆らう者として生きるのか、そのどちらかです。ダビデは、神を知る者として、自分の将来に確信を持っていました。11節で、「王は、神にあって喜び」と述べています。この詩篇を書いた時、ダビデは敵と対峙し、困難を経験し、眠れない夜を過ごしていたでしょう。しかし、ダビデは神が約束したことは必ず成就すると確信していました。だから、このような状況でも神にあって喜ぶことができたのです。しかし、これはダビデにだけ与えられた約束ではありません。私たちにも、神はまったく同じことを約束してくださいます。もし、私たちが神に信頼を置くならば、私たちは百パーセント安全なのです。

（文責　小西直也）

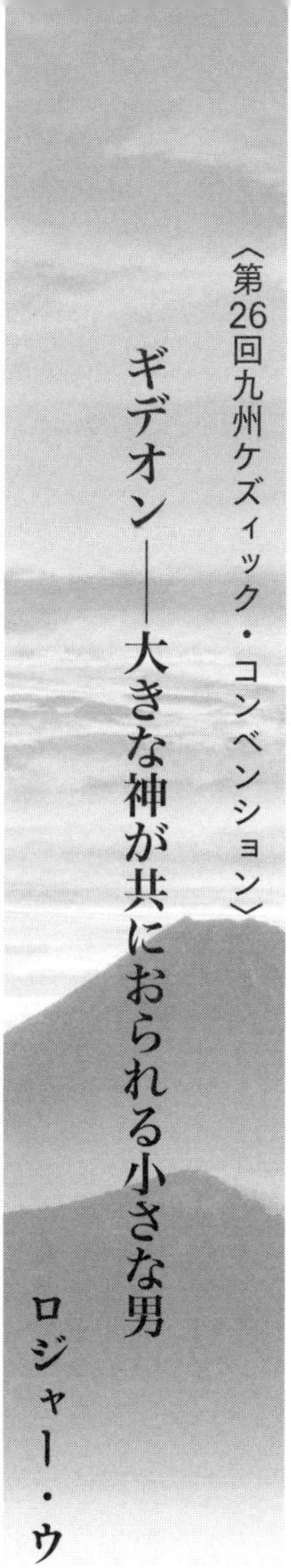

## 〈第26回九州ケズィック・コンベンション〉

# ギデオン――大きな神が共におられる小さな男

ロジャー・ウィルモア

ヘブル11章32節　士師記6章11節～16節

ギデオンについて、特に一つのことに集中したいと思います。

ギデオンは恐れて身を隠すような人でした。また彼は自分の生活に起きている悪い事柄を神のせいにし、神を非難して、「このような時に神は何をしておられるのか」と文句を言うような人でした。彼は自分が用いられないようにするための理由を述べています。「わたしの氏族はマナセのうちで最も弱いものです。わたしはまたわたしの父の家族のうちで最も小さいものです」（15節）。しかし神はギデオンに語られました。「大勇士よ、主はあなたと共におられます」（12節）。ギデオンの応答には、自分自身についての考えがそのまま表れています。ギデオンは自己評価がとても低い人でした。自分は重要ではない、つまらない存在だと思っていたのです。ですから神にできない理由を言いました。他の人を非難したり、言い訳をしたりするのはどうしてでしょう。自分は取るに足らない者だからという思いが、そういう応答になって表れてくるのです。

　有名な神学者また著者であるJ・シドロー・バクスターはギデオンについてこのように記しています。「ギデオンについてはヘブル11章32節に記されている。私はギデオンがこのような信仰の人の例として記されていることに何の疑いも持たない。しかしギデオンのことを正しく評価するなら、ギデオンがヒーローであること、そのすばらしさ、勇敢さというものは自然にできあがったものではないと言える。それは聖霊が変革する経験の結果である。彼がそれを通過して来たのは、そのような聖霊による霊的な経験の結果である。そのような霊的経験において彼自身が変革したということ、それこそが今日の私たちにとって重要なのだ」。

　私たちも、同じような変革を経験することができます。ギデオンは弱く恐れを感じやすい性質の人でした。しかしギデオンは霊的な変革を経験しました。バクスターが語るのは、あなたも私も同じような霊的変革を経験することができるということです。ギデオンはミデアン人がイスラエル人を苦しめていたので、その時代の暗い絶望感について文句を言いました。しかし神はその問題に対する答えとして、ギデオンを用いられたのです。

　この時ギデオンは、まだ戦いの準備ができていませんでした。主がギデオンを見つけられた時、ギデオンは、酒ぶねの中で麦を打っていたのです。麦を打つのは通常高い所で行います。そうすると風が吹いてきて籾殻を吹き飛ばすのです。しかし、ギデオンは酒ぶねの中で敵から隠れて麦を打っていました。彼は恐れて隠れていたのです。

みなさんの中にも恐れのゆえに、神に仕えることができないと感じている方がおられるかも知れません。神はあなたの人生に対してすばらしい目的を持っておられるにも関わらず、神から身を隠していませんか。またギデオン・コンプレックスを持ち、自分自身について低い評価しかできない中に生きている方がおられませんか。しかし神はギデオンに「あなたは大勇士である」と言われたのです。

新約聖書はクリスチャンのことを聖徒と呼びます。あなたは聖徒です！「私は聖徒です」と言うのはむずかしいかもしれません。しかし神はあなたに「あなたは聖徒だ」と言われます。「しかし、わたしたちを愛してくださったかたによって、わたしたちは、これらすべての事において勝ち得て余りがある」（ローマ8章37節）。あなたが自分自身を見る時、自分で自分を見るのではなく、神があなたを見ておられる目で自分を見ることができますように。この午後のメッセージがみなさんの励ましになればと願っています。三つの質問をします。

## 神がギデオンを見つけられた時、ギデオンはどこにいたのか？

イスラエルはミデアン人の支配下にありました（2節）。ミデアン人がイスラエルの地を滅ぼしていたのです（5節）。イスラエルにとって、生活にも希望が見いだせず、本当に暗い時代でした。

ギデオンの心は恐れに支配されていました。この恐れは一時的な恐れではなく、ずっと一緒にありました。私たちも時折、恐れを感じることがあります。恐れは罪ではありません。エリヤは天から火を呼びましたが、次の日には恐れてイゼベルから逃げました。しかしそれは一時的な恐れでした。神はエリヤをもう一度、主の働きに戻されたのです。ペテロも同じです。主イエスが捕えられて裁判にかけられた時、女中がペテロに「あなたも弟子だった」と言いました。その時彼は恐れて主イエスを否定したのです。しかし主はペテロを回復させ、恐れを取り除かれました。

私たちはみな恐れを経験します。それは一時的な恐れであって、そこから自由にされるのです。神の子どもたちが恐れの支配のもとに生き続けることは、神のご意思ではないのです。

ギデオンは自分の氏族や家族に対して、また自分自身に対しても何の誇りも持っていませんでした。彼は神に、自分が取るに足らないつまらない者であると述べました。私はみなさんに愛の心をもって申し上げたいのです。ギデオンのような態度を取ることは、それは神を侮辱していることです。詩篇139篇14節から17節をぜひお読みください。愛する兄弟姉妹、私たちは神に祈りましょう。私たちが自分を見る時、神が見ているような目で自分自身を見ることができますように。

神がギデオンを見出された時、彼は暗い絶望的な時代の中に生きていました。彼はまた、恐れとコンプレックスの中に生きていました。私たちは今、困難な罪深い世界に生きています。そして私たちに恐れを与えるような理由、原因がたくさんあるのです。私たちが自分自身を見る時、ギデオンと同じように、このような時代に生きるにはふさわしくないと思ってしまうのです。しかし神は取るに足らない小さな者をも用いて、この時代の中にあってギデオンと同じように、神の栄光のために大胆に生きることができるように力を与えてくださいます。

## ギデオンと対面した時に、神はギデオンに何をされたのか?

神は、ギデオンにご自身を現わされました。主はあなたや私に対しても同じようなことをしてくださいます。人生の中で困難な状況にある時、主を見上げるなら、主はご自身を現してくださいます。私も大好きな賛美があります。「イエスにあって私は何というすばらしい友を得ていることであろうか。誘惑や試練の時、問題が至る所にある時、落胆するのではなく、祈りにおいてそれを主に持って行こう。悲しみを共にしてくれるこのような忠実な友がほかにいるだろうか。イエスは私のすべての弱さを知っておられる」(『いつくしみ深き』)。希望が見えない困難な時には、どうぞ見上げてください。その時に主がご自身を現わしてくださいます。主は決してあなたを放置されず、あなたを置いて去っていくことはありません。

「ああ、君よ、主がわたしたちと共におられるならば、どうしてこれらの事がわたしたちに臨んだのでしょう」(13節)。私たちも時々同じようにしていませんか。ギデオンはミデアン人の問題のゆえに、主に文句を言いました。イスラエルはその罪のゆえに、神がミデアン人を用いて訓練しておられるのです。

私たちは問題があるとすぐに神に文句を言いたくなります。しかし、気をつけなくてはなりません。その問題は私たちの罪である場合があるからです。罪が疑いと恐れと非難を引き起こすのです。神はギデオンに語られました。「主はふり向いて彼に言われた、『あなたはこのあなたの力をもって行って、ミデアンびとの手からイスラエルを救い出しなさい。わたしがあなたをつかわすのではありませんか』」(14節)。何か問題がある時、その問題に対して文句を言うのではなく、その問題のために「神よ、どうぞ私を用いてください」と自分自身を神に用いていただくのです。神は言われました。「勇士としてイスラエルを救い出すためにわたしはあなたを送る」。ギデオンはそのためのしるしを見せてくださいとお願いしました（6章36～40節)。ギデオンはそのしるしによって、神が自分をイスラエルのために選び、用いようとされていることを知りました。

7章では、戦いのために整えられます。彼は三万二千人の軍隊を集めました。しかし主は多すぎると言われました。「『だれでも恐れおののく者は帰れ』と言いなさい」(3節)。すると二万二千人が帰って行き、一万人が残りました。しかし主は「民はまだ多い」と言われました。そして次のテストをなさいました。そのテストに合格して残ったのは三百人でした。三万二千人の軍隊の代わりに、今いるのはたったの三百人の軍隊です。神はギデオンに弓矢を置き、戦争の道具を置き、代わりに壺とたいまつを取りなさいと言われました。

神が何をしておられるのかわかりますか。ギデオンは最初に言いました。「神様、私は戦うには十分な者ではありません」。ある人たちは神に用いられるためには、自分には十分な資格がなければと言います。しかし神が求めておられるのは十分小さな人です。人の栄光ではなく、神の栄光を現すために小さな器を求めておられるのです。今日の教会の問題というのは、人間の力で何かよいものを生み出そうとするところにあるのではないでしょうか。私たちは人間的な力や考えで何とかして人々を惹きつけようとします。しかしたくさんの群衆がいることが、立派な教会ではないのです。神だけが教会を成長させることができます。

## 神はどのようにしてギデオンを神の栄光のために用いられるか?

彼は臆病でした。疑い深い人でした。また文句を言う人でした。そして彼は自己評価が低く、劣等感を持っている人でした。彼は小さな人、小さな軍隊でありましたが、大きな神が共におられたのです。それによってギデオンはミデアンに勝利しました。ギデオンは栄光を受けたのでしょうか。そうではありません。神が栄光をお受けになったのです。

最後に十九世紀の最も著名な伝道者のことについて話をしたいと思います。D・L・ムーディという人です。ムーディはほとんど正規の教育は受けていませんでした。彼はきちんとした英語も話すことができなかったので、その言葉遣いのゆえに人々から笑われたりもしました。ムーディは一人の英国の説教者の言葉によって変わりました。「神にすべてを献げ切った人を神がどれほど用いてくださるのか、世界はまだ見ていない」。その言葉がムーディの心を動かし、「私がその人になる」と献げ切っていったのです。

自分は神の働きをするのに十分な訓練や能力、ふさわしさを持っていないと思う方がおられるかも知れません。どうぞギデオンから学んでください。この小さな男ギデオンが神に完全に自分を明け渡した時、偉大な勝利が与えられたのです。それは神に栄光が帰されるためです。D・L・ムーディという教養のない人がすべてを神に献げ切りました。神はそのムーディを用いて、福音によって世界を揺り動かされたのです。

神のために用いられるために十分大きいだろうかということが問題ではありません。第一コリント

1章をお読みしてお祈りしたいと思います。「兄弟たちよ。あなたがたが召された時のことを考えてみるがよい。人間的には、知恵のある者が多くはなく、権力のある者も多くはなく、身分の高い者も多くはいない。それだのに神は、知者をはずかしめるために、この世の愚かな者を選び、強い者をはずかしめるために、この世の弱い者を選び、有力な者を無力な者にするために、この世で身分の低い者や軽んじられている者、すなわち、無きに等しい者を、あえて選ばれたのである」（26～28節）。この御言葉はこの世の考え、人間的な考えと逆行しています。神はなぜこのような人たちを選ばれるのでしょうか。29節にその答えが記されています。「それは、どんな人間でも、神のみまえに誇ることがないためである」。

神によって用いられない人は一人もいません。神があなたに求められておられることは何でしょう。主にすべてを明け渡すことです。そうするときに、主はあなたの人生を神の栄光のために用いてくださるのです。

（文責　横田法路）

〈第24回 沖縄ケズィック・コンベンション〉

# ヨシュア――従順な生涯

ロジャー・ウィルモア

ヨシュア記5章13節〜6章5節

今晩のメッセージは、ケズィックがどういう集会であるのか、そのことと関連しています。5章13節はヨシュアがエリコのそばにいた時の記事です。ここでは、私たちがヨシュアと同じように様々な問題の中に生きている、その中でどう私たちが対応していくのか語っています。エリコは、約束の土地に入っていくために、イスラエルの人々にとって大きな障壁となった、そのシンボルともなる存在でした。

エリコの前にヨシュアは立ち、そして祈り、神の導きを求めていました。彼は抜き身の剣をもってヨシュアの前に立っている人物に気づき、目を上げました。大きなエリコの城壁を見ながら、それと共に一人の人物が抜き身の剣を持って立ちつくしている。それにヨシュアは相対したのです。ヨシュアは驚いて尋ねました。「あなたは味方か、それとも敵か」。彼は「いや、わたしは主の軍の将軍である。今、着いたところだ」と答えました。ヨシュアは地にひれ伏し、礼拝を捧げます。ヨシュアはとても大事な質問をしました。主よ！　この僕に何をお言いつけになるのですか。そうすると主は、「あなたの足から履物を脱げ。あなたの立っている場所は聖なる所である」とヨシュアに語ったのです。ヨシュアは神が言われたその通りに従いました。

ヨシュアは神が言われたとおりに従いました。そのヨシュアの行動は、今晩、私たちが学ぶ従順、服従の姿でもあります。今年、沖縄ケズィックは第二十四回を迎えていますが、クリスチャンの生きるべき姿を問うてまいりました。このケズィックの聖会は、一八七五年に英国で最初にスタートしました。ケズィックのメッセージは、私たちの生活の実践の中で、どのようにきよく生きるかを問うています。また、主の御手の中で生きていくことを問われます。ケズィックのメッセージは、主イエスに明け渡す生き方を問われ、また、聖霊に満ち溢れた生き方が問われます。

ケズィックのメッセージの中から、今晩は、主の御手に心から従い、服従していく生き方を学びたいと思います。ヨシュアは生涯の中でチャレンジに満ちて積極的な生き方をしました。しかし彼はチャレンジをしていく前に、神に完全に明け渡した時があったのです。皆さんは、ヘンリー・ブラックビーという方をご存じですか。数年前に、京都でご奉仕をしていた時に、ある方からブラックビーさんの「神を体験する」という書物を日本語でいただきました。この書物によると「クリスチャンは、神の目的に人々を導き入れる使命をもっている」というのです。ここにおられる一人ひとりは、イエス・キリストを救い主として告白している者です。皆さんは、きっと教会のリーダーとして仕えておられると思います。神に仕える私たちリーダー一人ひとりは、多くの人々を神のもとに導く大事な使命をもっているのです。神はヨシュアを用いて、イスラエルの民を神のもとに導く大事な働きを担ってきましたが、しかしその前に、まず自分自身を神に明け渡すことに導かれたのでした。

これから、ヨシュアの生き方を通して、三つのことを教えられたいと思います。まず一つ目は、ヨシュアが抱えていた問題とは「人々」であったこと。二つ目は「ヨシュアが出会った人」について。三つ目は、ヨシュアが神からいただいたご計画について、見ていきたいと思います。

## ヨシュアが抱えていた問題

ヨシュアはこのエリコの城壁の前に、たたずんでいました。エリコの城壁はとても有名なもので、厚さが百八十センチメートルほどの丈夫な物でした。ヨシュアは城壁を前にして、これを一体どういう方法で攻略していくのかを考えさせられました。モーセの後を嗣いだヨシュアは、この約束の地にイスラエルの民を導いていく大事な使命を与えられていました。しかしヨシュアは、その約束の地に入って行く時に、城壁の前にたたずんでいたのです。彼は失意の中にあったようです。この城壁を見て、一体どうやって城壁の中に入って行けるだろうかと思っていました。しかし彼は神の言葉を心に留めておりました。神は、このヨシュア記の中で語られているように、「強く雄々しくあれ」と三度も繰り返して語られたのです。大きな壁を前にしていましたが、神の言葉に支えられて前進しようと歩んだのでした。

この集会の最初の祈りの時に、神が私の心に示されたことがありました。皆さんの祈りが心に響いてきたのです。このむずかしい日本の社会、文化の中で神にどう祈り、どう社会を切り抜けていくのかを祈っている思いが伝わったのです。

今晩私たちは、ヨシュアの生きざまを考えながら御言葉を読んでまいりましょう。私たちが様々な困難に直面する時、どう対応するのかということです。ヨシュアにとって二つの大切な課題がありました。最初のチャレンジというものは、リーダーとして人々を導きますが、ヨシュアにとってイスラエルの人々そのものが課題となりました。同じ方向へとイスラエルの民を導いていくヨシュアにとって、それは想像以上に大変なことでした。

教会で働く牧師は、一人ひとりの信徒を同じ方向に導こうとするときに、様々な苦労をする時があるのです。アラバマで牧会をしていて、難しい人々に出会う経験をしました。ヨシュアはイスラエルの人々を約束の地に導いていく使命があったのです。神は御心のうちにイスラエルの民を導いていく、それはとても大切で大きな使命でもあったのです。

コリントの信徒への手紙二11章22節から28節を読んでみましょう。このパウロの手紙は、とても驚くべきことが秘められております。パウロの伝道、宣教の中で苦しいことが、これほどまでに書かれていることは驚きです。28節にパウロは次のように語っています。「日々わたしに迫るやっかい事、あらゆる教会についての心配事があります」。パウロの心に迫りくるものは、それは教会の民一人ひとりのことでした。教会の牧師であれ、リーダーであれ、信徒であれ、いずれであったとしても、神のご計画のうちに人々をどのように導いていくか、心からの思いを重ねながら導いていくことは、私たちに与えられた使命です。

ヨシュアと同じように、私たちも人々の中で歩んでいます。ヨシュアは民を導くことに、とても苦労しチャレンジを受けていました。それは戦いでもあったのです。エリコ城壁の前にヨシュアは立ち、考えていたのです。四十年前に、ヨシュア自身もそうでしたが、十二人のスパイ（偵察隊）が送られたことを思い出しておりました。彼らは、約束の地はすばらしいけれども、あまりにも強く、立派で大きな要塞があって、そこに私たちが進んで行くことは難しいことです、と報告したのです。

エリコを前にして、同じ壁にぶつかっていたヨシュアは考えました。いったいこの大きな城壁、要塞にどのように戦い、入っていくことができるのか。人間的な思いでは不可能なことでした。ヨシュアは、軍人、リーダーとしても戦略家でしたから、エリコを攻撃するにあたって、どういう作戦が必要なのか、どういう人材が必要なのかを思いながら城壁の前に立っていたのです。

私たちもヨシュアと同じように、様々な問題にぶつかる時、私たち自身の中にあるものをまず考えながら、このことは克服できるのか、あるいは戦えるのかどうかを模索することでしょう。そこで神がヨシュアに言われたことは、「あなたが戦うのではない。わたしが戦う。そして、このエリコをあなたがたに与える」。神はヨシュアの考えつかない計画を持っておられたのです。そしてヨシュアに、あなたの計画でエリコを攻略するのではなく、エリコの町を六日間、行進して回りなさい。そして七日目には七回町を回り、雄羊の角笛のラッパを吹きなさいと神はとても不思議な方法を示されたのです。ヨシュアにとって、神の計画はとってもビックリするようなものでした。神のご計画は私たちとは違うもので、違う方法をもって神は計画を進めて行くということです。

## ヨシュアが出会った人

二つ目は、城壁に守られたエリコをどういうふうに攻略していくのか、つまり戦いそのものです。ここはヨシュアがどういう方に出会ったのかが鍵です。このヨシュアが出会った方は主ご自身でした。ヨシュアが見ると、前方に抜き身の剣を手にした一人の男が、こちらに向かって立っていました。ヨシュアはその方に相対した時に、いったい何を言ってよいのか分かりませんでした。「あなたは味方か。それとも敵か」と問いかけると、「いや、わたしは主の軍の将軍である。今、着いたところだ」と答えたのです。ヨシュアの頭は、どうしたら戦えるのか、どうしたら人々を導けるのかで問題が一杯でしたが、その時に主は現れてくださったのです。

ヨシュアがエリコの町に立ちすくんで、どうしたらよいのか思いめぐらしていたように、私たちの日々の生活でも、同じような課題に直面し、いったいどうしたらよいのか考え、立ちつくしてしまうのです。しかし、そういう中に主はそば近くにおられます。ヨシュアは主のみそば近くにおりました。ヨシュアは聞きました。いったい私はどうしたらよいのですかと。ここから主が戦いに勝利するためにヨシュアを用いられる準備が始まります。「あなたの足から履物を脱げ」。「ヨシュアはそのとおりにした」と聖書は語ります。皆さんの中で、今、直面している問題や課題がある方がいると思います。一体どう対応し、解決してよいのか分かりませんと。しかし、そういうお一人ひとりにヨシュアがどう対応したかその姿を見てほしいのです。ヨシュアがしたことは、「神よ、私はいったい何をしたらよいのでしょうか」と問い、そして神はヨシュアに応えられ、ヨシュアはそのまま神に従ったのです。その姿は主イエスにすべてを明け渡して服従していく姿と重なるのです。皆さんの中でいやいや私はまだまだです。主に明け渡すことはまだできませんと葛藤しておられる方もおられるでしょう。

## ヨシュアが神からいただいた計画

三つ目の課題は、神のご計画を現したことです。この課題は、ケズィックの主題と重なっています。6章2節は、「そのとき、主はヨシュアに言われた。『見よ、わたしはエリコとその王と勇士たちをあなたの手に渡す』」と記しています。ヨシュアに神が言われた内容を覚えていますか。「ヨシュアよ、勝利はわたしたちのものだ。わたしはエリコの町をあなたに与える」と。これはよくケズィックで言われてきたことですが、私たちは勝利のために戦っているのではなく、勝利から私たちは戦って行くのです。私たちクリスチャンは勝利の側にいるのです。私たちはチャレンジの多い困惑した社会にお ります。しかしどんなに問題があっても、クリスチャンの私たちは勝利の側にいるのです。そして主イエスが、その勝利の源である戦いに勝利されたお方なのです。私たちは勝利に向かって戦っていくのではなくて、勝利から私たちは戦いへ出て行くのです。

第一コリント15章57節に「わたしたちの主イエス・キリストによってわたしたちに勝利を賜る神に、感謝しよう」とあります。私たちはすでに勝利を得ているのです。エリコの城壁の前にたたずむヨシュアでしたが、そこに主イエスが立たれたのです。神は勝利の計画を持っておられます。私たちは問題に直面して驚くのではなくて、神によって勝利を得ているのです。神は私たちが勝利するために、その方法を用意しておられます。私たちが得る勝利は、条件付きです。私たちが勝利を得ていくには、神の言葉に従い、それを守り突き進んで行くことによります。神が導かれたその戦いを進め、勝利に向かって行くのです。私たちが勝利の生活をするためには、神のご計画に沿って、神の方法で戦うことになります。私たちは、主イエスの御手の中にあって歩んでいるでしょうか。私たちは神の指示、神の方法に従って歩んでいるでしょうか。勝利は私たちのもの、そして私たち一人ひとりのものですけれども、でもその前に、主に私たち自身を明け渡していくことが肝心なのです。アーメン。

（文責　佐久眞武三）

〈第10回東北ケズィック・コンベンション〉

# 神とともに歩んだエノク

創世記5章18節〜24節

栗田義裕

今日は、「神とともに歩んだ」と言われているエノクの信仰生涯について考えてみたいと思います。この系図を見てすぐに気付くのは、「〇〇年生きて息子、娘たちを生み、…そして彼は死んだ」という表現が何度も繰り返されることです。神が最初に人間に与えてくださった命令である、「生めよ。ふえよ。地を満たせ」（創世記1章28節）というみことばを思い出します。また、アダムとエバが罪を犯した結果として死が入り、全ての人は死ななければならないという厳然たる事実も知らされます。確かに現代に比べれば皆、長寿です。最高は八代目のメトシェラで九六九年も生きました。しかし、どんなに長寿であってもその最後は、「……そして彼は死んだ」と言われるのです。

　ところが、七代目のエノクだけは寿命が短いことがわかります。エノクの一生は三六五年でした。創世記5章の登場人物の平均年齢を計算すると九〇七・五歳となりますから、その半分にも満たない生涯でした。仮に現在の平均寿命を八〇年として換算すると、エノクはわずか三十二歳で世を去ったことになります。何か偉大なことを成し遂げた訳でもない、世間ではまだ青二才と言われる年齢で世を去ったエノクでした。ただし、エノクの場合だけ、「……そして彼は死んだ」と言われていません。「エノクは神とともに歩んだ。神が彼を取られたので、彼はいなくなった」（24節）。英語では面白い表現になっています。「And Enoch walked with God ; and was not」。

本当に、普段と変わりない生活の中で突然、いなくなったのです。家族はどんなにびっくりしたでしょうか。しかし、すぐにわかったのです。神が彼を取られたということが……。エノクの姿が見えなくなったとき、人々はあちらこちらを探し回ることをせず、天を見上げました。エノクが常日頃からそのような信仰生活を送っていたからです。私たちが地上の人生を終えたとき、家族や周りの人たちがすぐに天を見上げてくれるなら幸いです。エノクの人生は、確かに他の人に比べたら短い人生でした。偉大な業績を残した訳ではありません。世の中にどんな貢献をしたかも定かではありません。けれども「エノクは神とともに歩んだ」がゆえに、彼がいなくなったとき、人々は神を見上げることができたのです。

人生の価値は長い、短いではありません。その人が真実に神と共に歩んだかどうかです。皆さんの身近な人の中でも、若くして天に帰られた兄姉がおられるのではないでしょうか。新婚三か月の幸せの絶頂の中、わずか二十三歳の若さで召された女性がいらっしゃいました。また、小さな娘が初めて結婚式のフラワーガールをするということで、楽しみに待っていた式の一週間前に突然、地上の生涯を終えたお母さんがおられました。三十九歳でした。牧師としてこれまで多くの兄姉の葬儀の司式をしてまいりましたが、自分より若い方の葬儀を執り行うのはやはり辛いものです。そのような時、私たちの唯一の慰めは、その兄姉たちが神と共に歩んでおられたことです。

聖書の中で、「神とともに歩んだ」と言われているのは、エノクとノアの二人だけです。ここで「歩んだ」と訳されている言葉は、文字通りに「歩く、歩きまわる」という意味です。またヘブル語で「歩く」といった場合、それは普通に生活することも表わしています。ルターがこの箇所を、「彼は神のような生活を送った」と訳しているのはそのためです。また、ここで使われている「歩く、歩きまわる」という言葉は、神ご自身についても用いられています。たとえば、エデンの園の中を神があちらこちらと歩き回られる（創世記3章8節）、あるいはイスラエルの民の中を神が歩まれる（レビ記26章12節）という場合に用いられます。ですから、エノクが三六五年の間、神とともに歩んだということは、彼が神とピタッと息の合った生活をしていたということです。三六五年という数字にも意味があります。一年は三六五日です。エノクが三六五年の間、神とともに歩んだということは、まさに一日一日を、一年一年を、神とともに歩んだということではないでしょうか。

街を歩いているカップルを観察してみると、仲の良いカップルは二人の歩くリズムやスピードがぴったりして、同じ歩調で歩いているのがわかります。互いの心が通じていると足並みが揃ってくるものです。反対に、心が離れていると、足並みまでそろわなくなります。私たちが日ごとに神と共に歩むとき、神と同じ歩調になります。私たちのペースに神を合わせようとするのではなく、神の足並みに私たちが合わせていくのです。相撲の立ち会いでも呼吸を合わせるという言い方をします。タイミングを合わせるためには、二人の呼吸、息が合っていなければなりません。私たちも、そのように神と呼吸を合わせること、それが神と共に歩むということです。

こう申しますと、何だかエノクは俗世間と離れて仙人のような生活をしていたと思われるかもしれません。でも、エノクにも家庭がありました。「エノクはメトシェラを生んで後、三百年、神とともに歩んだ。そして、息子、娘たちを生んだ」(22節)。創世記の時代は、今よりももっと子だくさんの時代でした。ですから、エノクにも一人二人ではなく、十人、二十人くらいは子どもがいたと思うのです。ですから、エノクが神に祈ろうとすると子どもたちが回りでうるさくしたり、兄弟喧嘩を始めたりということもあったでしょう。そういう中でもエノクは神と共に歩んだのです。あるいは、昔の人々は何も仕事がなくて暇だったと思う方もおられるかもしれません。

しかし、エノクにもなすべき務めがありました。エノクは、預言者であったと聖書は言います。「アダムから七代目のエノクも、彼らについて預言してこう言っています。『見よ。主は千万の聖徒を引き連れて来られる。すべての者にさばきを行い、不敬虔な者たちの、神を恐れずに犯した行為のいっさいと、また神を恐れない罪人どもが主に言い逆らった無礼のいっさいとについて、彼らを罪に定めるためである』」（ユダ14～15節）。エノクの時代も、人々は「神なんか関係ない……」と、どんどん悪い方向へと歩んでいました。そういう人々に対してエノクは、やがて来るべきキリストの再臨とさばきを預言したのです。それは、どんなに骨の折れる、また忍耐を要求される務めだったでしょうか。でも、そういう中であってもエノクは神と共に歩んだのです。私たちも、日常の煩わしい仕事が一杯あるでしょう。子どもたちが家の中を飛び回って保育所みたいだと思うこともあるでしょう。でも、神と共に歩むとは、毎日の忙しい生活の中でも、忙しいからと自分のペースに神を合わせるのではなく、神の歩調に自分が合わせて歩んでいくのです。

神と共に歩むことは本当に楽しいことです。すばらしい祝福です。もしかすると、神と共に歩むクリスチャン生活を窮屈なものと思っている方がおられるかもしれません。たとえば、会社の上司と共に歩く、となったら窮屈な思いをするかもしれません。偉い方と共に歩く、となったら気遣いで肩がこってしまうかもしれません。でも、神と共に歩くことほど楽しいことはありません。

私には三歳になる男の子の孫がいます。時々、孫の相手をするのが心なごむひと時になっています。孫も「じいじ、じいじ」と言ってなついてくれています。しかし、父親が帰って来ると、途端に孫は「パパだっ！」と言って私を置き去りにして父親に飛びついていきます。そして、肩車してもらったり、ぶらんぶらんしてもらったり、それはそれは嬉しそうです。どんなに、じいじが頑張っても父親にはかないません。エノクが神と共に歩んだというのは、そのように父なる神と喜んで、楽しそうに歩き回ったということではないでしょうか。最初、エデンの園で罪を犯す前のアダムが神と一緒に自由にあちらこちら歩き回ったときのような喜び、祝福をエノクも味わったに違いありません。

私たちも一日一日、一年一年、神と共に歩みたいと思います。朝ごとに聖書を開いてみことばに聞き入る時、神の息吹に触れることができます。聖霊によって聖書が霊感されているとは、創世記から黙示録までどのページを開いても、そこに聖霊が息吹いているという意味です。みことばを読むことは、神の息吹に触れることです。私たちも、小さなことでクヨクヨしたり、むずかしい問題を抱えて悶悶としてしまうような時があるかもしれません。しかし、どんな時でも神の呼吸に合わせ、神の歩調に合わせて歩んでいく時、私たちの魂は、神の偉大な御力、尽きることのない恵みと祝福を覚えて満たされるのです。

私は自分が天に召されたとき、家族や周囲の人々からどのような評価を受けるだろうかと考えることがあります。まだ若い頃は、「宣教の働きのために大きな貢献をした人でした……」みたいな評価を受けたいというような気持ちもありました。しかし、エノクはどれだけ大きな教会を建てたとか、どんなに偉大な功績を残したか、ということは一切書かれていません。ただ、「エノクは神とともに歩んだ」と言われているだけです。でも、それで十分ではないでしょうか。それ以上、私たちはどんな評価を望むのでしょうか。「エノクは神とともに歩んだ」。最高の賛辞です。私の切なる願いは、私が天に召された時、家族や周囲の人々が、「あの人は神とともに歩んだ……」と、天を見上げてくれることです。エノクのように歩みましょう。

# あとがき

今年も『主にあって勝利するキリスト者』と題して、二〇一六年のケズィック・コンベンション説教集を発行することが許され、心から感謝いたします。今年は何とか夏が来る前に皆さんのお手元にと願っていたのですが、諸事情により予定より少し遅れてしまいました。

この説教集は、五十五年間変わらず箱根で行われてきた「日本ケズィック・コンベンション」の全説教を中心に、南から沖縄、九州、大阪（神戸、京都、奈良）、東京、東北、北海道の各地区コンベンションから一編ずつ説教を収録しています（東京を除く）。計画を立てる段階になって、出席していない地区のコンベンションの説教を依頼するのは、とても困難な仕事であることに気づきました。幸い各地区委員会のご協力をいただき、今年も無事に各地区の説教を収めることができ、感謝いたします。

説教の中でも触れられているように、五十五年間の「箱根」が今回で最後になるということが、日本ケズィック・コンベンションの大きな課題でした。しかし神の憐れみによって、二〇一七年は新しい場所が備えられ、すでにその準備が始まっています。

私自身、誰に誘われたわけでもなく、それこそおっかなびっくり、箱根の山に登っていったのは、三〇年近く前のことでした。幸い存じ上げている方々がいらっしゃって、暖かく迎え入れてくださり、私自身も語られる御言葉の豊かさに触れ、また聖書的、個人的、実践的ホーリネスの恵みに触れ、信仰者として、牧師・説教者としての歩みを点検する機会となってきました。

近年、参加者の高齢化が進んでいますが、ぜひひとりでも多くの教師、信徒が共に集い、講師の語る説教を通して神の恵み深さに浴していただきたいと願っています。またこの説教集も、多方面で用いられるものとなって欲しいと祈っています。

箱根では、英国からイアン・コフィ師（聖会）と夫人のルース・コフィ師（レディス・コンベンション）、米国からロジャー・ウィルモア師（バイブル・リーディング）、国内からは長内和頼師（早天祈祷聖会と工藤弘雄師（早天祈祷聖会とメンズ・コンベンション）、本間尊広師（ユース・コンベンション）の各師がご用をされました。

また沖縄ではロジャー・ウィルモア師、九州ではロジャー・ウィルモア師、長内和頼師、中出牧夫師、久多良木和夫師、福永雄二師、大阪ではイアン・コフィ師、ロジャー・ウィルモア師、錦織寛師、東北では峯野龍弘師、島隆三師、栗田義裕師、堆洋平師、北海道ではジョナサン・ラム師、峯野龍弘師がそれぞれ御言葉のご用をされました。

またこの説教集のために、日本人講師の方々には御自身でご執筆いただき、外国人講師の方々の説教は、土屋和彦師、阿部頼義師、錦織博義師、新川代利子師、小西直也師、横田法路師、佐久眞武三師、大井 満がテープ起こしとまとめを担当いたしました。ご多用の中ご奉仕くださったことを覚え、ここにお名前を記して感謝を表したいと思います。序文は五〇周年を迎えられた北海道の委員長である小菅　剛先生にお願いし、快くお引き受けいただいたことも感謝です。株式会社ヨベルの安田正人さん、ケズィック事務局の西脇久仁子さんにも、特別な感謝を申し上げます。

板橋教会牧師室にて　大井　満

二〇一六年七月二三日

**2016 ケズィック・コンベンション説教集**

# 主にあって勝利するキリスト者

*Victors in Christ*

2016 年 9 月 20 日　初版発行

**編　集**－大井　満

**発行者**－日本ケズィック・コンベンション
〒 101-0062　東京都千代田区神田駿河台 2 － 1　OCC ビル内
TEL 03-3291-1910（FAX 兼用）
e-mail：jkeswick@snow.plala.or.jp
**発売所**－株式会社ヨベル
〒 113-0033　東京都文京区本郷 4 － 1 － 1　TEL 03-3818-4851

**DTP・印刷**－株式会社ヨベル

**定価はカバーに表示してあります。**


配給元－日キ販　東京都新宿区新小川町 9-1　振替 00130-3-60976　TEL03-3260-5670
ISBN 978-4-907486-41-9　Printed in Japan　ⓒ 2016

*2001* **輝けるクリスチャン生活** ● *1,429* 円
*Radiant Christian Living*
*2000* **聖なる者となれ** ● *1,429* 円 *Be Holy*
*1999* **日常生活の中の聖さ** ● *1,524* 円
*Holiness in Daily Life*
*1998* **勝利する道** ● *1,524* 円 *The Way of Victorious Life*
*1997* **恵み溢れる御手** ● *1,524* 円
*The gracious hand of our God*
*1996* **聖なる輝き** ● *1,456* 円
*The splendour of His holiness*
*1995* **聖なる挑戦** ● *1,524* 円 *The Holy Challenge*
*1994* **聖手の下に** ● *1,524* 円 *Under His Lordship*
*1993* **聖別された生活** ● *1,650* 円 *Holy Living*
*1992* **永遠と愛** ● *1,650* 円 *Eternity and Love*
*1991* **ホーリネスの美** ● *1,524* 円 *The Beauty of Holiness*
**【ポール・S. リース 説教集】** ● *1,800* 円
**ハートオブケズィック** *The Heart of Keswick*

**荒野から聖なる大路へ** ● *1,800* 円
**日本ケズィック・コンベンション 50 年記念誌**
日本ケズィック・コンベンション 50 年記念誌出版特別委員会［編］

## 日本ケズィック・コンベンション説教集
## 既刊のご案内
（価格は税別表示）

2015　主の栄光を映し出しながら　● 1,300円
*Reflecting the glory of the Lord*

2014　御座から流れる命の水　● 1,300円
*The living warter overflowing from His throne*

2013　第一のものを第一に　● 1,300円
*First things first-life*

2012　十字架につけられた民を捜し求める神　● 1,238円
*God is seeking crucified people*

2011　生きるとはキリスト　● 1,238円　*To Live is Christ*

2010　回復される神に出会う　● 1,238円
*Meet The God Who Restores*

2009　最前線からの手紙　● 1,238円
*Letters from the Front Line*

2008　神は今、どこにおられるのか　● 1,238円
*Where does God live today?*

2007　福音の豊かさにあずかる道　● 1,238円
*Sharing in the Fullness of the Gospel*

2006　聖なる道 —— キリストに生きる　● 1,429円
*The Way of Holiness —— living in Christ*

2005　すべてを可能にする神　● 1,429円
*All things are possible with God*

2004　聖なる神に出会う喜び　● 1,429円
*Joyful encounter with the Holy God*

2003　変えられる祝福　● 1,429円
*The blessings of spiritual transformation*

2002　聖霊による希望　● 1,429円
*Hope inspired by the Holy Spirit*